図書館サポートフォーラムシリーズ

図書館は まちのたからもの

―ひとが育てる図書館―

内野安彦 著

©POMPETTE

日外アソシエーツ

カバーイラスト : POMPETTE

はじめに

今でこそ、人気の職業ランキングの上位にある地方公務員であるが、私が町役場に採用になった一九七九年（昭和五四）当時は、安定した職場という意味では人気はあったものの、採用試験の競争率は現在のような途方もないものではなかった。自治体によって差異はあるものの、鹿嶋市のような地方（当時は鹿島町）では、最も競争率の高い一般事務職でさえ一〇倍程度ではなかったかと思う。

将来、家督を継ぐ理由などもあり、不本意ながら実家に帰ることになった私は、茨城県の期限付き職員を経て、両親に勧められるまま市役所を受験し公務員となったものの、「転職」の渇望は常にあった。そもそも、故郷で働くことも、公務員という職業も意に沿わない生き方であった。

一九七九年（昭和五四）四月二日(月)、二〇人余の新規採用職員の辞令交付式があった。配属先が記された一枚の紙には総務課選挙係と記してあった。こうして生まれ故郷の町役場勤めが始まった。

一九八三年（昭和五八）四月、『広報かしま』で、図書館建設決定が報じられた。当時、総務課で働く若造の私にとって、水面下で検討されるまちの重要プロジェクトなど知る由もなく、この広報で初めて概要を知ったようなものだった。当時、鹿島町に図書館はなく、一九八二年（昭和五七）年八月に鹿島町読書団体連合会から町に図書館建設の要望書が提出されたのを機に一気に建設話が浮上したものらしい。そして、一九八四年（昭和五九）一一月に起工となり、一九八五年（昭和六〇）一〇月には開館の運びとなる。こうしてみると、一瀉千里に事業が進んだ感が強い。

一九八三年（昭和五八）四月に企画課広報公聴係に異動。この図書館開館のニュースをカラー面で伝えた『広報かしま』の編集スタッフの一員であった。しかし、町に図書館が出来たといっても関心の埒外であった。所詮、司書の資格のない自分には縁のない職場であり、また、そこで仕事がしたい、と思いもしなかった。

二八歳で結婚し、二九歳で父になり、その後、三人の子どもの父親となり、一時、転職は非現実的なものになりかけていた。しかし、町長公室から四つ目の職場となる総務課人事係に異動になった頃に再び転職の思いが強くなり、その準備として、実用英語検定準一級、中小企業診断士等の勉強を通信教育で始めた。どうして、こうまで転職に拘っていたのかというと、「やらない仕事にミスはない」といった職場風土がどうしても馴染めなかったことと、某大学に入学することしか眼中になかった入試の失敗という青春の蹉跌があったからである。

三五歳で職員課研修厚生係長に昇任した矢先に、晴天の霹靂ともいえる病魔に襲われた。しかも、結果的に四か月もの長期の入院の日々を送る事になった。抗がん剤・放射線治療で身体はボロボロ。四か月の入院で一〇キロ以上も体重が減り、頸部の深い手術痕は見た目も痛々しく、放射線照射により皮膚の色は変色。まるで別人となって職場に復帰した。

手術痕は消えないものの体調は徐々に戻り、一年も経った頃には放射線照射で失っていた味覚の異常もほぼ正常に戻ってきた。手術痕を気にしたところでどうしようもない。周囲も私の体調に気遣ってくれるものの、腫物に触るといった感じではなく、再び転職を意識した勉強を再開した。ただし、四か月も入院したのであるから、少なくとも向こう五年間は役所を辞めるわけにはいかない。学習は転職ではなく、「働かなかった期間」の借りを役所や市民に返すため、と当面の方向を修正した。

その頃、親しかった同僚が図書館に異動した。本を借りるというよりも、同僚を訪ねて図書館に行くようになった。時おり事務室に案内され、本がいたるところに置かれた本庁とは異質な事務室の雰囲気に、訪ねるごとに、いつしかここで働きたいという思いが強くなってきた。

役所に採用になって以来、総務部、企画部にしか所属したことがなく、常に市長室近くの職場を行ったり来たり。不特定多数の市民とやりとりをするカウンター業務への憧れが大きくなり、人事課が年一回行う異動希望聴取の機会に、公民館か図書館で働きたい、と人事課に書類を提出し面接に臨んだ。しかし、その願いはなかなか叶わなかった。

そんな頃、新聞で偶然見つけたのが、一般財団法人出版文化産業振興財団が主催する第四期読書アドバイザー養成講座の記事だった。相当な倍率とのことを後に仄聞したが、初めての応募で運よく受講が認められた。月に一回、東京のスクーリング会場に通い、同期生の新聞社・取次会社・書店等の社員、読み聞かせ等の図書館ボランティアと親しくなる中で、図書館で働きたいという思いはますます膨らんできた。

そして、この資格取得が奏功して、やっと四〇歳で念願の図書館勤務の内示が出た。当時、企画課企画係長であったために、図書館への異動が庁内でいろんな憶測を生んだことは拙著『だから図書館めぐりはやめられない』（ほおずき書籍、二〇一二年）に書いたとおりである。しかし、そんな流言飛語は意に介さず、四一歳で司書資格を取得。四三歳で図書館情報大学大学院博士前期課程に進学。働きながら図書館情報学の研究もするという二足のわらじの生活が始まった。

私のこの豹変ぶりは、図書館に異動する前の私を知る同僚には奇異に映ったことであろう。その後本庁への異動の打診も袖に振り、図書館道をひたすらまっしぐら。振り返れば、係長職で異動し、館長補佐、そして館長と昇任。こうした昇任パターンは極めて珍しく、庁内ではすっかり変わり者に変身してしまったのである。結局、図書館勤務は九年を数え、四九歳で本庁に戻った。その後の話はあちこちに書き、あちこちで喋っているので、ご存知の読者も多いと思うが、五〇歳で塩尻市という新天地に就いたのである。

役所で悶々とした日々を過ごす転職志願者が、役所を辞めずにいたおかげで図書館という「天職」に出会い、その結果、鹿嶋市役所を辞め、塩尻市役所に「転職」するということになった。

本著は、そんな「図書館病」に罹患した元自治体職員の図書館への熱い思いと、図書館に関わる一八年間の些末な軌跡を中心に綴ったものである。

この「図書館サポートフォーラムシリーズ」の第一作は、梅澤幸平氏の『図書館からの贈り物』である。この書名そのものが、私が本著に綴った全てであるといっても過言ではない。なかには自慢話と顰蹙を買う内容もあるかもしれない。でも、誤解しないでほしい。図書館との出会いがそうしてくれた、と自慢したいのである。それくらい素晴らしい世界であることを、図書館員はもとより、一般の方にも伝えたいのである。

本著が図書館員や図書館好きな市民に、あらたな図書館の世界との出会いと元気を与えられたら幸甚である。

目次

目次

第5章 図書館員をもっと楽しむために……142

●コラム●
図書館員は、やっぱりヘンかも

第1章

図書館への助走

図書館に異動になって良かったと思うこと。それは、市役所で二二歳から三九歳まで図書館以外の部署で働いた経験があったことである。もちろん、逆に二二歳で図書館に出会えていたらどんな人生だっただろうか、とも考えなくもない。

本著は私の些末な経験を通した図書館員としての矜持を綴ることを本旨とするものであるが、本題に入る前にまず、図書館に至るまでの長い遠回りの道を先に振り返ることとする。

四週間休みなしの役所デビュー

総務課選挙係～庶務課行政係

配属先が総務部総務課選挙係と書かれた辞令をもらって二か月後に役所の機構改革があった。その時にもらった配属先の辞令は総務部庶務課行政係。選挙係から行政係に配置換えがあったのではなく、組織改正に伴う名称の変更である。業務の繁閑の著しい選挙係は非効率なので、選挙管理委員会の業務に議会の議案作成、区長会の仕事が加わり、名称と事務分掌が変わったというものであった。

一九七九年（昭和五四）四月一日は日曜日。よって翌日が辞令交付式。その日からいきなり定時に帰れず、三週間余、帰宅は午前様というエピソードはすでに拙著に書いたとおりである。すでに書いたことを省くと話の展開がわかりにくくなってしまうので、若干、既刊本と被る記述があることを先にお断りしておく。

この月は八日が茨城県知事選挙、二二日が鹿島町議会議員選挙と、選挙係にとって盆と正月が一度に来たような大当たりの月。しかも、この大繁忙期に、あろうことか選挙係に配属になった新規採用職員が私である。一年に満たない茨城県職員の社会人キャリアしかない私に、「即戦力として期待している」と言われてもどうしようもない。二か月後に機構改革が予定されているということから、辞令に係名の記載がなく総務課だけの同期の職員もいた。要は六月には他課に異動する予定という意味である。

新規採用職員研修はわずか三日間。研修期間中、総務課に配属になった三人の同期は定時に退勤。私だけ居残りで「残業」となるのだが、残ったところで何ができるというわけではない。先輩職員の指示に従い右往左往するばかりであった。

選挙を一週間後と三週間後に控えたこの時期に、よりによって戦力にならないどころか、「足手まといになる新規採用職員を配置するなよ」と人事に文句を言いたい人もいたであろうことは想像に難くない。

選挙事務は複雑というよりは単純な仕事。しかし、たとえば、当日の有権者数が一人でも違っていたり、不在者投票の数が一票でも違っていたりしただけで、全国紙に大きく報道される仕事である。配布した会議資料の数字が違っていましたのでご訂正を、といった呑気なものではない。念には念を入れて慎重に行わなければならないものなのである。キャリアの長い総務課職員は、自分の守備範囲が決まっていて、選挙係が指示する前に、選挙人名簿の整理や不在者投票調書などをてきぱきとこなしていた。他の係員が冗談で「これは内野のやる仕事なのだぞ、でも、こうしてみんなが手伝わないとできないのが選挙という仕事。よーく見ておけよ」と教えてくれた。

選挙係の主任（当時は係長職や課長補佐職がなく、課長の直近職を主任と呼んでいた）がみんなの様子を見ながら、順次、業務の進捗状況に応じて、その日の退勤時刻を指示した。午後九時、一〇時と先輩職員が「お先に」と帰っていく中、仕事の出来ない（何をしていいかわからない）新人職員の私は選挙係ということだけで、午前〇時を過ぎて帰宅する毎日だった。

そして、あっという間に選挙の前日を迎えた。選挙当日の各投票所の庶務責任者と係員を対象にした事務従事者説明会を行い、夕刻には不在者投票を締め、選挙人名簿の最終の整理をし、午前○時過ぎに全ての準備が終えた。当時は選挙当日の投票用紙を深夜に庶務責任者宅に届けるというやり方で、配り終えたころには間もなく空が白んでくるような時間であった。

そして、当日の午前七時には町内各投票所で一斉に投票開始。ほとんど眠っていない朦朧とした状態で、役場の選挙管理委員会本部にて投票状況を見守ることになる。役場で働くようになってわずか七日目の朝である。

不測の事態はいろいろある。それに的確に応え指示を出す先輩職員。判断がつかない場合は県の選挙管理委員会に照会する。とにかく総務課の電話は一日鳴りっぱなしである。どの電話をとっても、相手が投票事務に従事する町職員ならば、私が発する言葉は「お疲れ様です」とだけ。後は「お待ちください」と、先輩に問い合わせ内容を手短に伝え、受話器を渡すだけであった。

そして、投票時間終了時刻を迎え、投票所を閉じると、各投票所から本部に次々と電話が入ってくる。当日の投票者数の報告である。それを本部で集計し、当日の全町の投票者数を出して、県知事選挙なので県の選管に報告するのである。それはニュース番組の舞台裏さながらの緊迫した光景である。選挙管理委員会本部はオペレーター会場に変わり、全ての受話器から投票者数を慎重に復唱する声が響いた。

そして、役場の同一敷地内にある中央公民館体育室に移動。ここに各投票所の庶務責任者と選挙立会人が投票箱を抱えて次々と入場してくる。庁内各所に設けられた投票所を閉め、短時間で投票録を作成し、投票箱を開票場に搬送してくるのである。しかも、開票時刻は刻一刻と近づくなかでの車の運転である。のちに私も三〇代半ばの中堅職員となり、投票所の庶務責任者を命ぜられ、この緊張した時間は何度も経験している。

そして開票が進み、開票所の投票用紙仕分係、投票点検係等、先に仕事を終えた各係が持ち場の片付けを始める頃、佳境を迎えるのが第二投票計算係と総括係である。開票立会人に有効票・無効票の説明を行うのが総括係。「これがどうして〇〇候補の票になるのだ」「どうしてこの投票は無効なのだ」と矢継ぎ早に立会人から質問が来る。その問いに正確に答えるのが総括係で、選挙係OBを含め、選挙事務に通暁した職員にしかできないプロの仕事である。一票を有効とするか否かの判断基準を開票立会人に説明する重要な役割である。

この会場でも私はひたすら右往左往するのみ。そして、立候補者の得票数が確定し、県の選挙管理委員会に報告。その頃は広い開票場にはわずかな職員が残るだけ。開票録に立会人の署名をもらい全ての仕事が終わる頃は、ブルーシートが敷かれ開票台や机が設営された場内も、元の床面を出した静かな体育館に戻っていた。

残務を片付け、明日の県の選挙管理委員会に届ける書類を整え、この日が終わるころは午前

○時を回り曜日が変わっていた。大きな仕事をやり遂げたといった達成感はなく、わけがわからず一週間が過ぎたという感じだった。怒涛の一週間だった。

総務課を離れてからも、経験者として投票所の庶務責任者や開票所の総括など、選挙のたびに駆り出された。要請がなくなったのは図書館に異動してからである。選挙当日の日曜日は図書館の開館日であり、図書館員として勤務しなければならなかったからである。

たった一週間であるが、こうした一大イベントの舞台裏を間近に見たこと、当時の選挙事務は全て役場の正規職員が務めていたことで、行政の仕事のダイナミックさを一気に学ぶことになった。こうして目の回るような公務員生活がスタートしたことは、今になって思えば幸運だったと思う。

そして、二週間後には町議会議員選挙である。この選挙の忙しさは県知事選挙の比ではない。どれほどすさまじい二週間であったかは、どこの自治体でも身近かな選挙であるので容易に想像できると思う。

配属先が総務課で、八日と二二日が選挙の投票日だったために、四月二日(月)の初出勤の日から二二日(日)まで休日は一日もなかった。当時、役所の土曜日は勤務日だったので、最初の休日は二九日(日)だったと記憶している。何と二八日連続勤務。そのうち二一日間連続の時間外勤務で、帰宅は毎日午前○時前後である。この公務員デビューがあったからこそ、どの部署に移っても、総務課よりはましという免疫はできた。

総務課での私の主な仕事は、選挙、区長会、議会の議案作成。一年目に主担当として関わったのは明るい選挙啓発活動であった。また、「差っ引き」と言っていた会計の仕事や、入所して一年目から次年度の予算要求書の作成も担当。さらに区長会という、当時の私にしてみたら、父親より年上の各町内の重鎮を相手にした仕事は、若輩公務員にとって、失敗を挙げたら数えきれないくらい、ある意味で贅沢な社会勉強の場でもあった。

選挙の仕事は公職選挙法に準拠した仕事である。しかも国政選挙、県政選挙となると、役所にとって一大事業。選挙期間中、新聞記者や選挙事務所、さらには有権者からの電話は絶えない。「〇〇候補の運動員の△△の行為は合法なのか」との問い合わせがあれば、即、公職選挙法や判例集とにらめっこである。極めて神経をすり減らす仕事であった。

そうしたことから、町議会議員選挙後は『逐条解説公職選挙法』を購入。県に問い合わせる前に出来るだけ自分で判断できるようになろう、とプライベートな時間も日頃からページをめくる習慣をつけた。こういった習慣は後の公務員生活にとって大きな財産となった。

こうして月日が経つにつれ、仕事に慣れてはきたものの、仕事の面白さは薄れつつあった。法律の番人のような仕事ではなく、創造的な仕事がしたいという思いが募り始めた。特に隣の企画課は私のいる総務課とは違い、いつも賑やかな雰囲気で、特に広報公聴係の仕事は楽しそうだった。カメラを肩に提げ取材に出掛けていく同僚に、いつしか羨望の眼差しを送るようになっていた。

そんな願いが叶い、一九八三年（昭和五八）四月一日に初めての異動辞令を受けた。私は企画課内の三つの係のうち企画係に配属の予定らしかった。しかし、私が広報の仕事を希望しているとの人事課から指摘もあり、急遽、広報公聴係となった、と先輩から後日聞かされた。

しかし、この人事は前例のない事態を引き起こした。なぜならば、六月に参議院議員選挙を控えていたからである。当時の庶務課長のAさんは国政選挙を間近に控え、内野を異動させるわけにはいかない、と人事所管の総務課長に直談判。あろうことか、選挙が終わるまで庶務課で仕事をするという異例の事態となったのである。異動辞令の変更のないまま、である。

田舎の町役場ゆえに許された極めてイレギュラーな事例であるが、異動の内示を見た上司である庶務課長が激昂して総務課長のところに飛んで行った姿は忘れられない。自分で言うのは恥ずかしいが、戦力として多少は認めてもらえていたことが嬉しかったのである。また、内示が出たから仕方がないと諦念することなく、自分に下される評価を省みず、いい仕事をするには譲れないものがあるという姿勢を、身をもって教えてくれたのがこの上司であった。この経験は、のちに自分が管理職になったときに、この行為がいかに規格外で、また、課長自らの進退にも影響しかねない言動であったかを痛感した。豪放磊落な理想とする課長の一人であったが現職中に病に倒れた。つくづく残念である。

仕事も組合活動も広報づくり一色の日々

企画課広報公聴係～町長公室広報公聴係

参議院議員選挙が終わり、晴れて庶務課から企画課のデスクに移った。前代未聞の渦中の職員である私を、企画課は愚痴も言わずよく待っていてくれたものだ、とつくづく思う。

仕事は望んでいた広報というよりも公聴が主担当で、町政モニター、県民集会、地域づくり計画、町に出される要望書等の窓口担当となった。とはいえ、月二回発行の『広報かしま』の記事も少しは書かせてもらった。当時はインターネットのフリーソフトなどがない時代、決して自慢できるものではないが、イラストを得意としていたので書くことと描くことが日常の仕事となった。優秀な先輩がいたおかげで、この広報公聴係で文章を書く楽しさと難しさをしっかりと学ぶことができた。専用の原稿用紙に鉛筆で書いた文章は入稿前に係員全員で読む。そして各自が赤字を入れていく。毎回、先輩から厳しい指摘がある。全て書き直しとの命令も珍しくはない。当時の印刷所は東京・築地にある新聞社。東京出張という高揚感と、新聞社という独特の雰囲気の中でゲラ校正をするのは本当に楽しい時間だった。

公聴の仕事も慣れてくると面白さが見えてきた。県民集会の仕事は、県の補助金をもらって、市の予算以外の仕事ができるとあって積極的に申請をした。忙しい中、さらに補助金を申請し、仕事を増やすことはストレスやリスクを伴うことになるが、上司は全て認めてくれた。

県も予算の執行は悩ましい問題である。どこからも申請がなければ、財政部局から執行率を問われることになるし、人事評価としてマイナスにもなりかねない。

「やらない仕事にミスはない」と決められた仕事以外は手を出さない公務員は少なくないが、私は全く逆。仕事は失敗から学ぶので、失敗する回数が多ければ多いほど、次の仕事のクオリティは高まるし、失敗に対する善後策も学べる。成功体験は失敗体験の積み重ねの上にあるものと思っている。この補助金を使って、一二時間ソフトボール大会など、企画課の予算では到底でき得ないイベントを企画した。庁内的には「企画課の仕事を逸脱している。これは社会教育の守備範囲だ」と否定的なことを口にする同僚がいたが、市民と交わり、何か達成感のある仕事がしたい、と無我夢中で仕事を楽しんでいた。

また、この期間は自治労傘下の町職員労働組合青年部の書記長や、基本組織の教宣部長等を務めていたので、地域社会のために生きるという問題意識が極めて強かった。

加えて、当時の社会党町議との自治研活動にもかなり深く関わってもいた。町の広報紙、市職員組合の教宣紙、さらには自治研の広報・研究活動と、やたらと書きまくっていた時代であった。

特に社会党町議宅に通い、三人のスタッフでタブロイド版四面の市民向けの逐次刊行物（年に四～五回発行）を一日で仕上げる作業は勉強になった。町議の熱弁を聞きながら、その傍らで単なる口述筆記ではなく、自分のボキャブラリーでそれを文章にしていくといった執筆方法は後にも先にもこの時しかない。書き上げた尻から町議が原稿に目を通し、「これはいい」と褒められれば、豚もおだてりゃ木に登る。人を鼓舞することが、どれだけ相手の能力を引き出すことになるか、この町議に学んだといっても過言ではない。私にとって執筆・編集の寺子屋だった。

市の広報紙は中学生が読めるレベルとなっていたため、難しい漢字や表現は避けなければいけなかった。しかし、職員組合の教宣紙はそういったルールはない。「阿鼻叫喚」「魑魅魍魎」等、広報紙では使えない、使ったにしてもルビを付けなければならない熟語もルビなしで、お構いなしに使用。「内野の文章は難しい漢字が多くて読めない」との声を耳にするも一切無視。こういった声はあえて狙ってやっていたことだった。要は話題になるような教宣紙をつくらなければ読まれないということ。とにかく読まれる教宣紙をつくることに専心した。

同僚の描く秀逸なイラスト（理事者等の似顔絵）、組合紙にありえない表現や特集など、「読んでもらう」仕掛けに徹した。落語調で書いたり、小説風に書いたりもした型破りの教宣紙であった。発行回数は月三回程度。版型はB４版で、時に両面印刷。パソコンがなかった時代、全て手書きである。とにかく勤務時間以外は、ひたすら教宣紙を書いていたような日常だった。おかげで、某金融機関が主催した教宣紙コンクールでは日本一。県内某機関が主催の職場新聞コンクールでも一位を受賞（共に正式名称は失念）。巧拙は別にして、書くこと（伝えること）に溺れていた時代であった。当然、こうした経験に無駄はない。図書館への確かな助走が始まっていたのである。

後述するが、この経験が次の異動先である人事課でも活きることとなるが、同時に自省を促すきっかけにも繋がるのである。

●コラム●図書館員は、やっぱりヘンかも①

図書館員と酒

図書館員は総じて酒好きが多い。私も三六五日、休肝日のない呑み助だが、図書館仲間と旅先の蔵元で試飲でもしようものなら、酒瓶が何本も空になる。試飲のレベルではない。もちろん、その分、しっかり購入するのも図書館員の常識である。

図書館員は仕事柄か性格か好奇心が極めて旺盛。よって、飲めばいいというのではなく、何でも探求したくなる。そして得意の情報収集となる。「図書館員でクラフトビールを愛してやまない協会」なるフェイスブックのページがあり、私もその一員である。

蔵元に酒造りの貴重な郷土本でもあろうものなら、すかさず購入するのも図書館人の性癖。酒に酔うのも好きだが、文字に酔うのも同じくらい好きなのである。

学習が評価される組織づくりに奔走

総務課人事係〜職員課研修厚生係長

総務課人事係に異動し、機構改革で人事係が職員課に昇格。人事係と研修厚生係の二係体制になり、初代の研修厚生係長となった。仕事内容は総務課人事係と大差はなく、職員研修、福利厚生が主担当であった。

今思うと、役職として最も楽しいのは係長職であると思う。優秀な係員、そして理解ある上司に恵まれたならば、こんな楽しい職位はない。そんな思いで仕事ができた日々だった。

ここでは、前任者の仕事を踏襲するということ以上に、新しいことを次々と仕掛けていった。職員研修計画の策定がまずひとつ。階層別研修体系を構築し、派遣研修のみに頼らない、町独自の研修を新規に企画した。目的は組織風土の改革だった。研修は「やらされるもの」ではなく、「自ら積極的に取り組むもの」とする職員の意識を変えることが市民サービスの向上に繋がると信じ、がむしゃらに取り組んだ。

また、一九九五年（平成七）九月一日に、大野村を編入しての市制施行に伴う仕事も加わり、繁忙を極めた。研修のほか、労働安全衛生委員会も新たに立ち上げた。

新規の主な研修事業は次のとおり。

①公務に関係があるものに限っての通信教育受講費補助制度
②外国語や手話など優れた能力・技術を有する職員が講師となり、部署を横断した職員を対象に知識・技術を伝えるウィークリー研修（毎週、何らかの研修も設定したことから命名）
③先進地視察研修制度（職員課が旅費を計上）
④部署を横断した長期の自主的な政策形成研修（半年以上かけた研修成果は首長に直に発表）
⑤自薦による海外派遣研修制度（それまでの役職の高い職員がご褒美のように派遣されていた制度を根本的に見直し、公募者から研修生を決定するものとした）

こうした制度は規則・要綱などを整理し、職員研修計画は毎年、冊子としてまとめた。

そして、県内でも発行している役所は稀だった職員報『カシマ スタッフ ニュース』を創刊した。刊行頻度は毎月一回。版型はB４二つ折り。職員が、組織が一つとなり、市民のために働く職場の風土づくりを目指した情宣紙であった。

当時の総務部長に「優れた数人の職員をつくるのではなく、優れた組織をつくるのです」と生意気な言葉を吐いて、次から次へと新規事業に取り組んだ。

休日はひたすら研修講師探しに費やした。「講師狩り」である。県民大学に入学したり、自腹で各種のセミナーに参加したりして、職員研修のテーマに沿った講師を見つけたら即交渉。本を読んで興味を持ったら、その著者の講演を聞いてから交渉するなど、自分の目と耳で確認した上でないと基本的に講師依頼はしなかった。

どうしてここまで夢中になったのか、それは、人事の仕事は単なる管理ではなく、人材開発であると考えていたからである。もちろん、自分でも資格取得の通信教育や予備校で不断の学習に努めた。学習が評価される組織にしたかったのである。

しかし、職員報は私が異動して早々に休刊となった。私自身は誰もがつくれるように簡単な編集としたつもりであったが、「内野が異動したら継続できる仕事なのか」と危惧した友人の声のとおりとなってしまった。大いに反省する仕事のひとつである。

また、この時期、市町村を担う人材育成のための中央研修機関である市町村アカデミー（千葉県浦安市）に派遣され、全国の優秀な人事担当者と寝食を共にし、口角泡を飛ばして議論したことも大きな財産となった。

全国の有為な公務員との交流が大きな刺激となり、何か自分をもっと刺激するものがほしいと探していたら自治体学会なるものを知り会員となった。特に何かをするではなかったが、名刺に自治体学会会員と記したこともあった。しかし、ほとんど反応はなく、一〇〇枚の名刺に印字するにとどまった。こういう行為は公務員の世界では浮きやすいことを学んだ。

この時期に読んでいたのは、自己啓発の本ばかり。呆れるほど胡散臭い本が多いジャンルでもあるが、刺激的な惹句に誘われ相当な数の本を読んだ。この時期に購入した本の大半は、後に図書館に異動して早々に処分した。思い返せば、典型的なキャリアポルノ依存症の状態で、自分がどうしたいのかがわからず、ひたすら目標とすべきものを探しあぐねていた時代であった。

図書館のポテンシャルを市の総合計画に示す

企画課企画係長

図書館への再三の異動希望は叶わず、企画課企画係長の内示が出た。異動先としては過分な評価であったが、これで生涯、図書館で働く夢は潰えたと思った。この時、すでに三九歳。標準的な期間、企画課に在籍するとしたら、次の異動は四〇歳代半ばである。

企画係長としての仕事は、前年度策定された基本構想に基づき前期基本計画を策定すること。よくあるコンサルタント丸投げではなく、自分たちの手でつくるといった手法であった。また、毎週一回、一部庁議といって市長と三役（助役・収入役・教育長）、そして部長が一堂に会する会議を招集し、市の重要案件を協議する場に同席するのも仕事であった。

しかし、異動早々に職員課時代に次いで二度目の入院。病気の再発であった。腋の下のしこりに気づき、一部摘出して病理検査したところ悪性と判明。全摘後は用心をしての入院加療となった。人事課時代のような辛い入院生活ではなかったが、いろいろと将来のことを考えざるを得ない精神状態にあったことは確かである。しかし、病魔に怯えて養生して生きるより、これまでと変わらぬ、いやそれ以上に自分を酷使する生き方を選ぶことにした。

優秀なスタッフに恵まれ、入院中も基本計画策定は順調に進んだ。私がこだわったことの一つが図書館の位置づけ。これまでは生涯学習施設の一つとして扱われていた図書館を、「図書館」としてランクを上げて書き込むことにした。勤務する場所としては半ば諦めていた図書館であったが、図書館サービスのポテンシャルは広く庁内や市民に周知したい、という思いがあった。企画にいなければ絶対にできない仕事であった。

企画課に異動になり半年余。ダメモトで異動希望を出した。もちろん、希望する部署は図書館である。人事課のヒアリングでも「企画課に異動して一年で異動というのはありえない」「ワールドカップを始めビッグイベントが鹿嶋で控えている」「内野が人事課の係長から企画課の係長になった市の人事政策の意図を理解してほしい」など、人事課は慰留に終始した。それは当然である。人事は組織の決定事項。職員の好き嫌いでどうにかなるものではない。しかも、当時、図書館は教育委員会の総務課の下部機関の位置づけ。図書館長は総務課長の下の職位であった。係長としては企画課も図書館も同格であるが、こういったことも、人事課が首を縦に振らない理由でもあった。

あきらめかけた時にふと思いついたのが取得したばかりの読書アドバイザーの資格だった。

図書館界ですら知る人の少ない資格である。人事課にアピールしたところで暖簾に腕押しである ることは言うまでもない。せめて司書の資格でもあれば、と思いつつも、この資格を取ったことを猛烈にアピール。全国に四〇〇人しか有資格者がいないこと。茨城では一〇人もいない稀有な存在で、司書よりも取るのが難しい資格などと法螺を吹いて、最終的には圧倒的な劣勢を挽回し、検討すると受け取れる言質を得られた。この資格がなかったら、まず図書館で働くことはなかった、と思う。

そして、一九九七年（平成九）三月下旬の内示で、ついに図書館への異動が叶うこととなった。

役所における図書館への長い助走期間は一八年。しかし、庶務、補助金等の活用、広報公聴、人材育成、例規の整備、計画・政策づくりなど、田舎の小さな役所ではあるが、官房系のキャリアは全て図書館業務に活かせるものであり、私の図書館経営の基本となったことは言うまでもない。

●コラム●図書館員は、やっぱりヘンかも②

図書館員とロック

愛知県田原市図書館のフェイスブックに「ＲＯＣＫ司書の「ＲＯＣＫはもう卒業だ！」」なるページがある。好みの音楽が近いこともあり投稿を楽しみにしている。

大学時代はロック研究会に所属、還暦間近の現在も現役シンガーとして頑張っている図書館長の知り合いもいる。私もかつてはドラマー。いまだにＹｏｕｔｕｂｅでドラムレッスンやドラムソロの映像をよく見る。

『だから図書館めぐりはやめらない』で趣味の世界を書いたことで、初めて会った人がロックの話をふってくるときがある。見た目から、それらしい人もいれば、容姿からは想像できない人もいたりする（笑）。

フラワー・トラベリン・バンドという一九七〇年にデビューした日本のロックバンドがいた。カナダで成功し、日本人のバンドとして初めて世界を席巻するのでは、と中・高校生時代に期待していたが夢は叶わなかった。このバンドのＣＤが鹿嶋と塩尻の図書館にはある。コレクションに選んだのは私である。この図書館に勤めていました、というロック好きの密かな証である。

第2章

鹿嶋市の図書館

「ありがとう」で始まる世界

一九九七年（平成九）四月、念願だった図書館勤めが遂に現実となった。役所に採用になり初めての出先機関。しかも土日に勤務することもあれば、早番・遅番もある勤務に私生活は一変した。家族と過ごす時間が少なくなる寂しさの一方、平日が休みという得も言われぬ自由を手に入れた感じがした。

鹿嶋市の図書館は市役所から約一・五キロ離れた閑静な住宅地に立地。鹿島神宮の森がすぐそばにあり、幹線から離れているため、たまにではあるが雉（鹿嶋の鳥）を見かけることもあった。市道を隔てて市立中学校があり、学校帰りには近くの中高一貫の私学の中高生も含め学生

鹿嶋市立中央図書館外観

で賑わい、日中は老若男女が思い思いに時を過ごす。閉館時刻が午後六時ということもあって背広姿の男性はほとんど見かけない。市役所でときおり聞かれる激昂した市民の罵声も、終日絶えることなく名刺を配り歩く業者の姿もない。静謐さを求めて市役所に来る人はいないが、ここは違う。来館者の多くが静謐さを求めてくる。施設そのものがアメニティ空間であった。事務室の電話も時折鳴るくらいで、市役所のように一日中、隣接する課の電話も含め間断なく響く呼び出し音もない。

館内を歩けば、「利用者さん」から会釈をされることがときおりある。市役所では、知り合いでもなければ、来庁者から会釈をされるなんてことはまずない。だから、こちらかも来庁者に会釈することもない。考えて見れば、市役所職員は不愛想に見えるはずである。とはいえ、本庁に勤務する職員が、来庁者全てに会釈をしていたら大変である。市役所を訪ねる人（業者は除く）は、あくまで所用で、やむなく市役所に来たのであり、ここでは利用者ではない。なかにはクレームなど、はなから面白くない気分を抱えた来庁者も少なくない。

ところが、図書館はたおやかな表情をしている人が大半。その利用者の表情が書架の本と静謐な空間と相まって、一種独特の時空間を創っているのである。

さらに、鹿嶋市立中央図書館は単独施設。土地の賃貸借契約、防火管理、施設の施錠、光熱水費の心配等、単なる勤め先ではない。毎日、施設内外を点検して歩く市民からの大事な預かりもの。まさに大きな我が家のようなものであった。

市役所なら「担当課の仕事」と片付けられるものが、単独館の図書館では全て守備範囲。異動当初は係長だったので、施設の全責任者というわけではなかったが、施設の入退館や室内の各種の鍵を持つということのプレッシャーはスタッフ全員が共有するものだった。

異動したその日だったか数日後であったかは失念したが、ほとんど何の学習しないままカウンターに立った。臨時職員の後方に立ち、カウンター越しの市民とのやりとりをしばらく見ていた。

カウンターは、図書館の玄関からほぼ真正面で、駐車場から歩いてくる利用者さんの姿が見える。玄関を入るなり、ほとんどの利用者さんは本を抱え、真っ直ぐに返却カウンターにやってくる。そして、返却本をカウンターに置くと同時に「ありがとうございました」とカウンターの職員に礼を言った。この市民の言葉は衝撃的だった。見ず知らずの市民から「ありがとう」と言われる市役所の仕事があることの驚きだった。本庁の仕事でも「ありがとう」はある。しかし、それは、市民と何らかの親しい関係にあるか、市民の求めに応じ役所が何らかのサービスを提供した場合である。求められたサービスを提供しても、感謝の言葉もなく立ち去る市民は少なくない。しかし、図書館のカウンターは、見ず知らずの関係であるにも関わらず、謝意を伝えられるのである。

私の様子を見て「係長はカウンターに立っていただけるのですか」との司書の言葉も意外なものだった。当時の図書館は、司書と臨時職員（大半が司書の有資格者）がカウンター業務を担い、それ以外の正規職員は終日事務室で仕事をするといった感じだった。もちろん、繁忙に応じてカウンターには出るが、カウンター業務はローテーションには入っていなかった。

「司書の資格がない者はカウンターに出てはまずいですかね。私はカウンターの仕事がしたくて、希望して図書館に来たのです」と返した。

この後、見よう見まねで、本に貼付されたバーコードにスキャナーを当て、本の返却処理や貸出処理をやった。一時間ほどのわずかな時間で、本庁に勤務した一八年間以上の「ありがとう」を市民から言われたように感じた。

そして、私も「ありがとうございました」と口に出していた。本庁も図書館も、市民とは主従の関係であることに変わりはないが、互いに「ありがとう」という気持ちで謝意を伝える図書館独特の幸せなやりとりをカウンターデビューで知った。これは衝撃的な経験だった。

当時、役所においては、カウンターに来たお客さんに対して掛ける言葉は「ご苦労様でした」か「お疲れ様でした」だったと思う。もちろん、現在でも役所のカウンターで「ありがとうございました」と来庁者に声を掛ける職員はあまり見かけない。そもそも、図書館のようなサービスではないので、「ありがとうございました」はあり得ない、いや、図書館界ですら「ありがとうございました」はおかしい、と言う職員は少なからずいる。でも、私は利用者さんに「ご苦労様でした」や「お疲れ様でした」はないだろう、と思う。

図書館は公立の施設ならば税金で賄われている。いただいたお金を基に経営しているのであるから、利用者は株主のようなもの。「貸してやっている」のではない。「借りていただいている」と考えるのが当然のような気がする。「図書館に足をお運びください」とPRしても、「来たい人は来れば」とは言わない。であれば、「お疲れ様」という返答はあり得ないのではないかと思う。

なぜ、この「ありがとう」に拘るのかと言えば、図書館サービスの原点だと考えるからである。単に借りていただいていた本を返してもらっただけではない。利用者さんの言動から教えられることが不断にあるからである。「ページが破けていたよ」「書き込みがあったよ」「面白かったよ」などは、日常いただく貴重な情報である。時には事が大きくなる前に重大な瑕疵を教えられることもある。市民との間に資料を通じて生まれた信頼関係こそが図書館サービスの最大の特徴である。この関係を良好にすることで、図書館は発展・進化していくものなのである。技術がどれだけ進歩しても、利用者さんとの信頼関係がなければ成り立たないサービスが図書館なのである。カウンターに来られる利用者さんの表情を見るだけで、図書館は幸せをいただいているのである。このことに気づくまで時間はたいして要しなかった。こうして、「ありがとう」で始まる世界に魅せられたのである。

片道二時間半の通学で司書資格を取得

図書館に異動になった一九九七年（平成九）は、正規職員で司書の有資格者は一人。私と入れ替わりに本庁に異動した係長が有資格者であったこともあり、正規職員でだれか司書資格を取ってもらえないか、との相談が館長からあった。先輩職員に矛先を向けたが、その矛先は私に返され、願ってもない機会が異動早々に私に巡ってきた。実は通信教育で取得しようと考えていた矢先だった。

鹿嶋から通える範囲としては、つくば市の図書館情報大学（現在の筑波大学）が最も理想的な大学だった。しかし、役所の壁が厚かった。まず、公務なので自家用車の使用は禁止。となると公共交通機関を使っての通学となる。しかし、当時、つくばには電車が通じてなく、自宅から六〇キロ離れた大学に路線バスで通うには、乗り継ぎ時間を含め四時間はかかるような条件。また、公用車を使うには、毎日、役所で乗車手続き行うことが条件と言われた。毎朝、この手続きをすることで片道三〇分以上の通学時間のロス。それ以前に、二か月半もの間、一台の公用車を占用するのは前代未聞と一蹴された。

となると、次の候補は聖徳大学（千葉県松戸市）。六時頃に鹿島神宮駅を出て、松戸駅が近づくにつれ、車両は通勤・通学ラッシュのすし詰めとなり、二時間余の乗車後はヘトヘト。毎朝、駅近くの喫茶店で朝食を採り、心身を少し休めてから九時の授業開始に臨んだ。自宅から歩いて鹿島神宮駅まで二〇分。片道二時間半の通学である。期間は七月から九月にかけての二か月半。週六日開講なので、仕事としてとらえれば役所の勤務より週に一日多く勤務することになる。幸い、大学の取得単位が一部、受講科目の単位に認めてもらえたので、全科目を受講せずに済んだ。

受講者は一〇〇人。当時、個人情報が今よりも緩やかだったので、一人一ページ、自己紹介（写真つき）を載せた冊子が配られた。勤務先、出身校、趣味などが掲載されたもので、ここから、図書館勤務か図書館建設担当の現職者の受講生を探して声をかけることで、互いに切磋琢磨し合う社会人の仲間ができた。

受講者は七割が女性で、現職者は一〇人に満たなかった。学ぶこと全てが新鮮で、往復五時間の通学は全く苦にならなかった。五時半に家を出て、二〇時頃に帰宅する毎日。受講科目が二単位科目ならば、四日目の最終の時間に単位修得試験が組まれている。一日とて休むことはできない。ましてや私は公務の「仕事」である。休むことは許されないし、休んだら単位を落としてしまう。公務で行かせてもらって取れませんでした、とはいかない。この切迫感があったからこそ真夏の二か月半をなんとか乗り切り、司書資格を得ることができたと思う。もしも、通信教育であったら、図書館に異動して半年後に司書資格は取れなかったし、途中で挫折していたかもしれない。大きなチャンスを市長や館長はもとより、「市民」に与えてもらったのである。

「学び」をサービスで市民に返すこと。それは、自分の胸中にそれまでになかった「矜持」というものであった。四一歳でも学べる、いや学ばなければいけないという図書館員としての生き方に目覚めたといっては大袈裟かもしれないが、早速、日本図書館協会の個人会員や図書館問題研究会の会員となり、「学び」を日常の行為とすることを自らに課した。

もっとも、これまでも日本広報協会や自治体学会と、常に自分が勤務する部署に関連する学協会に所属することを公務員としての務めとしていたが、この図書館界は今までとは何かが違っていた。それは市民が近くにいることである。喜んでくれる、楽しんでくれる、感謝してくれる市民の表情を思い浮かべることができる世界だった。

●コラム●図書館員は、やっぱりヘンかも③

図書館員と図書館

私がこれまで訪ね歩いた図書館は国内外合わせて四〇〇館余。仕事として図書館に関わって一九年であるから、それほど自慢する数ではない。私以上にたくさんの図書館を見て歩いている人は斯界には何人もいると思う。

図書館員が旅をすると必ず旅程に組まれるのが図書館めぐりである。全国的に優れた活動で知られる図書館ともなると、週末にはアポなし図書館員が館内をウロウロしているのである。とにかく図書館員は図書館見学が好きなのである。

不意の来訪者に声を掛ける図書館もあれば、声を掛けない図書館もある。私は現職中、それとわかる行動をとる来館者を見つけたら声を掛けるようスタッフに指示した。相手が希望するならば、少しでも案内するように、と。

還暦の男性（私のこと）が一人で児童コーナーを見て歩くさまを見れば、只者ではないと図書館員には映るはずであるが、私はほとんど声を掛けられたことがない。容姿が強面だからだろうか（笑）。声をかけられるとしたら、「内野先生ですよね」となる。研修会等で私の話を聞いたことのある方である。

ある図書館では、その日の夜に行われる図書館講演会のチラシを私に見せて「よろしければいかがですか」と誘ってくれた。この日の講師は実は私だったのであるが、無名であることを親切にも図書館員から教えられた。

図書館めぐりのはじまり

図書館に異動する前に寄ったことのある茨城県内の公共図書館は、鹿嶋市と神栖町（現在の神栖市）の共に中央館の二館のみ。図書館好きとはとても言えたものではなかった。

図書館員になって初めての会議に出席するために出張で訪ねた図書館が三館目。早めに着いたので館内をウロウロしているうちに、図書館員のいろんな工夫を随所に見つけた。地方自治体が作った公共施設の違いと言えば、その規模や建設費用といったことしかそれまで関心が及ばなかったが、図書館は違っていた。図書館を設計するのは建築士であっても、館内の雰囲気を創りだすのは職員なのだということに気づき、いろんな図書館が見たい、という衝動が湧き上がってきた。

図書館に勤め始めたばかりの司書の資格すらないド素人である。そのド素人が感じたこと。それは市民レベルの感動といってもいいものである。換言すれば、ちょっとした工夫一つで市民に感動を与えることができるということである。こうした発見から、日本図書館協会の存在すら知らないまま、図書館を見て歩く「お宝探しの旅」が始まったのである。

図書館は週末の土日に連続勤務の週もあるが、だいたい土日のいずれかが休務日となる。まずは茨城県内の図書館のある全市町村めぐりを始めることにした。図書館勤務一年生ゆえの幼い言動もあったと、今思えば反省すべき点は多々あるが、生来のドライブ好きの私にとって、出掛ける楽しみが一つ増えたようなもの。ナビのない時代、道路地図を必携品として飛び回り始めた。

現在はほとんどやらないが、当時は若気の至り。アポなしでカウンターを訪ね、名刺を渡して訪問の意図を伝えた。週末の利用で溢れる繁忙時、しかも土日はスタッフが手薄。にもかかわらず閉架書庫までみせてほしい、と頼むのであるから厄介な訪問者極まりない。それでも、大半の図書館では快く事務室に案内してくれて、館長や係長といった人たちと情報交換ができた。同じ茨城の図書館員同志という関係もあって歓待されたのではないかと思うが、当時、こうして図書館めぐりをしているというと、異口同音に珍しがられたことは確かである。

なかには、カウンターで名刺を渡しても、館長や係長に繋いでももらえず、それで終わり、という館もあった。活発な活動が県内に知られる図書館ほどぞんざいに扱われた。アポなしで来館したことの不作法に対する、それなりの対応なのかとも受け取れなくもない。しかし、あれから二〇年近く図書館めぐりをし、四〇〇館以上の図書館を訪ねているが、現在に至るまで、斯界に名を知られる図書館ほど、往々にして歓待されないと感じるのは私だけであろうか。

こうして図書館めぐりを始めて次第にわかってきたことは、そこで働く図書館員の魅力であった。豪放磊落な館長、几帳面な係長、本への愛情があふれる司書など、本庁勤務時代には感じることのなかった、職員がキャラ立ちしている不思議な世界なのである。

地方自治体の多くの仕事は、法律や条例に基づいて粛々と遂行されるものである。そこに個性の入り込む余地はない、といった業務が多い。しかし図書館の仕事は、そこで働くスタッフのアイデアや愛情が図書館を創るのである。書架の排架一つとっても、本が愛されているか否かがわかる。熱意のないスタッフが多ければ、それなりの表情が書架に現れるのである。また、館内掲示のチラシ一枚の褪色さ加減、諸用紙が置かれた記載所の鉛筆の芯の形状を見れば、図書館スタッフの利用者への気遣いがわかるものなのである。

こうして学んだことは、積極的に自分が勤務する図書館で採用するように努めた。図書館は施設の規模や資料の多寡ではない。狭隘で老朽化の著しい図書館でも、利用者への気配りが感じられれば、そこは私にとって印象に残る図書館になる。

私の図書館めぐりは、新しい施設やサービスをこの目で見ることではない。熱い図書館員との出会いを求めるものである。いろんな仕掛けから感じる資料や利用者への愛情を感じられると、誰がこの仕事をやったのか、つい、カウンターで尋ねてしまう。

こうして、ほとんどプライベートな時間を利用して図書館を訪ね歩き、ほどなく茨城県内の図書館を踏破した（複数館ある自治体はそのうちの一館）。証拠写真はあまり撮らず、いただいた利用案内等もしっかり保存してこなかったのが今になって悔やまれる。茨城県踏破後は近県に足を運ぶようになり、家族で出かけても、途中で家族とは別行動。旅先でも一人で図書館めぐりをする「図書館病」は、こうして病膏肓に入るのである。

この図書館めぐりで学んだことで、鹿嶋市の図書館でできなかったことを、招聘された塩尻市の新館でかたちにすることができた。塩尻の新館は学びの集大成のようなものである。オリジナルなんてほとんどないといってもいいくらい。全て図書館界の先達から学んだものである。ただし、学ぼうとしなければ、それは見つからない。だから図書館めぐりは宝探しなのである。

四三歳で大学院生となって

私が通った高等学校の前身は旧制中学。往時のレベルは残念ながら凋落の一途であるが、高校のクラスメイトのうち大半が進学した。しかし、大学院に進学した者はいない。それくらい大学院というものは私にとって別世界のものであった。受験するにはどんな勉強をするのかさえ考えたこともなかった。現在は珍しくないと思うが、三〇年ほど前の鹿嶋市役所で、大学院修了者（修士）は一人しかいなかったと思う。

そんな考えてもいなかった大学院を自分が受験することになったのも図書館との出会いがな

ければあり得なかったと思う。

図書館情報大学（現在の筑波大学）が社会人入試を行うとの情報を教えてくれたのは、図書館情報大学に勤務する知人の教員だった。

図書館に勤務するようになって二年半ほど経ち、ルーチンワークに追われる頃、その話があった。公務員になっても、考えるところがあり、常に「転職」を意識していたので、資格や語学の勉強への自己投資は惜しまなかった。結果的に徒労に終わったものも少なくないが、大学院は考えたことすらなかった。なぜならば通信教育以外に学ぶ道はない、と諦念していたからである。役所を辞めずに通学で学べるとは思いもしなかった。

資料を取り寄せると、夜間に開講の科目もあるとのこと。図書館の休館日である月曜日と夜間、さらに集中講義の履修で何とかなるかもしれないとの思いに至った。

最大の課題は入学試験、しかも難関の国立大学である。大学院の受験は外国語試験が二か国語課せられると聞いたことがあった。この点も受験しようなどと考えもしなかった理由であるが、受験方法は研究計画書の提出と面接試験だけと知り、にわかに現実味を帯びてきた。

学費も国立大学なので家計に響くほどの大きな負担にはならない。もっとも、入学後のことを考える余裕などそもそもないのだが、万が一合格した時、お金がなくて入学辞退というのも洒落にならない。

受験を決めた途端に障害が発生した。受験の願書に必要な書類が整わないのである。それは所属長の推薦書。当時、図書館を所管する本庁の部署の見解が「内野を推薦する理由がない」とのこと。それは確かにそうだ。所詮、優秀でもなんでもない一兵卒。そんな職員を首長名で推薦などできない、と。こういったところがいかにも役所である。前例がないことをやろうとすると却下されるのが役所の体質。らちがあかないので、大学に電話して事情を説明。首長に拘泥せずとも直属の上司でも構わないとの見解。最終的に図書館長の推薦書で書類を整えることになった。

私がもしも首長ならば側近に「どうしてそういう職員がいることを教えてくれないのだ」ときっと言うと思う。本庁で首長に一年中顔を合わせる部署に一八年間もいたので、首長とはよくプライベートに言葉を交わした。賃金闘争など、職員組合とは対峙する関係が多いが、首長にとって職員は我が子同然。卑近な例から展開する話ではないが、実は首長に伝えるべきことを、中間管理職が止めてしまっていることが多いような気がするのである。

特に出先機関である図書館は、首長や人事課から全く日常が見えない世界である。議会や各種委員会等で本庁に行く機会の多い館長は、積極的に職員の善行や地域活動など褒めるべき点を首長や市の幹部職員に伝えるべきである。本庁ならば自然に首長や人事課の耳に入る職員の情報も、出先職場の職員の情報はなかなか伝わらない。職員自ら吹聴することでもないので、ここは館長が心掛けなければいけない。出先機関の職員の評価が芳しくないのは、こうした不利な条件も一因しているように思えてならないのである。

鹿嶋市役所の職員課時代、退職辞令交付式に出席した退職者と理事者との懇親会があった。記録係の仕事で同席することが多かったが、出先機関の職員は理事者に名前すら憶えられていないとわかるシーンにたびたび遭遇した。人口七万人に満たない小さなまちですら、こうなのである。特に図書館は非正規職員が多い。もっともっと館長は人事課に図書館をアピールすべきである。

話しが逸れてしまったが、早速、研究計画書なる必要書類の作成にとりかかった。大学の専攻は社会学と経営学の学際的な分野だったので、学部の延長的なものを図書館情報学の研究に見い出すことができなかった。ダメモトで選んだのが、公共図書館の選書に対する出版業界からの批判の検証だった。現在に至る論議の黎明期として、読書アドバイザーであり司書でもある私にとって最大の関心事だった。

相談する師も同僚もなく、校閲のペンが入ることなく研究計画書を大学に送り、試験当日を迎えた。

会場は図書館情報大学。指示された時刻に控室に入室し、呼び出しを待った。そして、係員から面接時刻となったことを告げられ、面接会場へと歩を進めた。鹿島町役場の二次試験以来、二一年ぶりの面接試験である。

試験官は三人。当時、斯界に通暁していない私にとって、誰一人知らない先生だった（面接官のネームプレートがない）。これは逆に幸いした点で、もしも知っていたら緊張して喋れないほどの重鎮が実は面前に構えていたのである。

面接官の質問は研究計画書に集中した。「こんな研究はできませんよ」と開始早々に言われ、あとは応戦一方の面接となった。要は先行研究がない分野の研究がいかに難しいかを諭された面接試験となった。最後に「働きながら研究できますか」との問いにだけは、大きな声で「はい」と答えただけの三〇分余の試験だった。完敗だった、というか大学院で研究することという基本的なことを承知していなかった、ということである。リングに上がることなく場外乱闘で敗れたと感じた試験であった。

暫くして大学からＡ４の封筒が届いた。予想に反して結果は合格だった。受験することすら女房に言っていなかったので、いきなりの大学院合格の話に驚いていたが、入学金や授業料など私の懐から出すことで、我が家最大の「関所」は越えられた。

二〇〇〇年（平成一二）四月、四三歳の新入生として若者に交じって入学式に出席した。図書館情報大学からそのまま入学した学生は、学部からの流れで、指導教官はほぼ決まっているのだろうが、他大学の卒業生や社会人は指導教官探しが入学早々の難題。指導してもらえる教官がなかなか見つからない、と嘆く声をたびたび聞いた。私は入学前からほぼ決まっていたので、その点の苦労を知らずに大学院生のスタートをきることができた。

しかし、働きながら大学院に通学するというのは並大抵のことではなかった。しかも片道一時間半（六〇キロ）のクルマでの通学。卒業までの二年半（修士論文発表直前に親父が入院したため、看護に専念するとして半年後に修了）は、授業日以外の図書館での文献調査等を含め、年間で一〇〇日以上通学した。図書館が休みの月曜日は、授業日のみならず夏期・春季の休みの期間もほぼ毎週通学。興味のあるなしにかかわらず、可能な限り履修登録し授業を受けた。月曜日以外に興味のある授業が七限目にあれば、こちらも受講した。七限目の授業のある日は夕方に一時間だけ休暇を取り、つくばへとクルマを走らせた。

入学願書の書類として必要な所属長の推薦書を書いてほしい、と担当部署に相談に行ったとき、なかなか首を縦に振ってもらえないことに業を煮やし、「絶対に有給休暇の範囲内でやります」と啖呵を切ったことも自分の首を絞めた。とはいえ、欠勤までして学ぶのは公務員として望ましい姿ではない。結果的に有給休暇は入学前の年度と同じくらいの一〇日ほどの取得日数だった。大学院への通学以外に有給休暇はほとんど取らなかったということである。換言すれば遊んでいる暇など全くなかったのである。

大学院生は二人部屋から大部屋まで、二四時間使える研究室が与えられた。私が割り振られたのは二人部屋で、相方とは曜日、時間がかぶらないために、いつも一人部屋として使える個室のような状態であった。しかも、資料複写は専用カードで料金はかからない。現在、複数の大学に務めているが、非常勤講師よりもはるかに優遇されていた。

大学院に行く楽しみは何と言って友人との語らいである。特に社会人入学生は互いに惹かれあうものがあり、七限目が終わってからも、ロビーで近況を交わすことが研究を続ける糧となった。なかにはその後、博士課程に進学し博士号を取得した者もいる。

また、同期生の紹介で親しくなった地元のつくば市立図書館員（男性）とのほぼ毎週の月曜日のランチも貴重な情報を得る機会であった。その図書館員は私よりかなり年下であるが、図書館情報大学の卒業生であり、図書館勤務のキャリアも「大先輩」。斯界の常識に疎い私にとってありがたい存在であった。その後、宮城県に司書の専門職として転職したが、現在も「大先輩」として頼れる友人である。

なかには予習として英語で書かれた原書を読む授業もあった。流暢に喋れないが、読むのはさほど苦にならない英語であっても、やはり専門書を読むとなるとスラスラとは読めない。授業の半分は出席して聞いていればいいものではなく、予習を基に授業中に発言を求められるものなので、院生の間の睡眠時間は、多くても一日六時間程度。役職が係長であったので、同僚の理解・協力があってできたようなものである。管理職であったとしたら、間違いなく続けることは困難であったと思う。でも、この経験は単なる学位取得に留まらず、図書館のポテンシャルを再認識することに繋がった。要は図書館員としての生き方を得た、と言える。

また、リカレント教育に逡巡する人へ「案ずるより産むが易し」と、動機づけができるようになったことも大きな収穫であった。実際、塩尻市立図書館時代の元部下で、慶應義塾大学大学院に社会人入学した者がいる。私の実体験を聞いたことが、のちに受験を決める一つのきっかけとなった、と言うような趣旨の言葉が、合格を知らせてくれたメールに書いてあった。

修士号を取得した一年半後、筑波大学となった母校の博士後期課程に入学することになる。鹿嶋市役所の人事課にしてみれば前代未聞の大暴走に映ったことであろう。

この頃になると、図書館勤務も五年を超え、標準的な人事異動サイクルでは対象者にリストアップされるからである。「そろそろ本庁に帰ってこないと忘れられちゃうよ」との声もたびたび聞かされた。修士の学位を取得したとはいえ、専門職でない以上、個人の好き嫌いで仕事は選べないのである。

六年目以降は、毎年三月下旬に出される内示を見るときは、「あと一週間で図書館とお別れかぁ」と半ば諦めて自分の名前を探していた。

変えなければならなかったこと

図書館に異動になり、自分がいる間になんとか変えなければならないと思っていたことが三つあった。

まず、企画課時代に図書館の位置づけを基本計画の項目上、図書館をワンランク上げたように（必ずしも何らかの実行力を伴うものではない）、教育委員会組織の中で、図書館を教育総務課の下部組織ではなく、教育総務課と同等の「課」に昇格させせるということであった。

何をどうすればできる、といったレベルの問題ではない。もちろん、私が一人頑張ってできることでもない。本庁の組織を検討する部署が「図書館が教育総務課の下部組織というのは、図書館運営上好ましくない」という空気を醸成しなければならないのである。幸い、本庁の組織検討委員会のメンバーとなり、本庁勤務の「図書館を全く利用しない同僚」に図書館を語る機会を得た。

また、私が大学院で勉強していることも、本庁を歩くと何かと好奇の対象となっているようで、いろいろ聞かれたのは確かである。眼中になかった図書館という存在が、私の姿を見て多少は想起されるようになったのであれば、それは望外の喜びであった。

「図書館情報学って学問があるの」「図書館って単に本を貸し出すだけの仕事でしょ」等の呆

れるような質問にも、丁寧に諭すように答えた。なかには、図書館情報大学という大学すら知らない同僚もいた。もっとも、私が高校を卒業する年にはまだ生まれていなかった大学なので、ある年齢以上の同僚にはそれも仕方がないことかもしれなかった。正直、私も図書館に異動するまで、茨城に住んでいても、この大学に関してほとんど知らなかった。

図書館に行って初めて知ったことは多い。いや、私の場合、ほとんどが初めて知ったことといってもいいくらい何も知らなかった。だから全てが新鮮で、この世界を一人でも多くの市民、そして身近な同僚に知ってほしかったのである。特に同僚には図書館のポテンシャルを知ってもらい、業務上も有効に活用してほしかったのである。いわゆる図書館界で言う行政支援サービスというものである。

人事課時代、新規採用職員研修は一か月行っていた。新規採用職員が配属となった部署は一日でも早く職員に就いてほしいのが本音。なぜならば、一名欠員の状態で仕事をしなければならないからである。しかし、そういう声を承知しつつも、できる限り市内の多くの市立の施設を訪ね、公務サービスがどれだけ広範なものなのかを知ってもらうために、一か月間、人事課で新規採用職員は預かった。

この一か月間に新規採用職員が見学した市内の施設を、全国の現職の図書館員はどれだけ見ているだろうか、多分、ほとんど見ていないのではないか。衛生センター、浄化センター、学校給食センターなどを訪ねたことが図書館員はどのくらいいるのだろうか。配属された職場によっては、退職するまで寄ることのない職場もある。もちろん、自治体の規模によって一律に語れるものではない。

また、企画課時代、係長職としては秘書係長と企画係長であった私の二人だけが一部庁議に同席し、各部の喫緊の最重要案件等の議論を毎週耳にした。まちがどう動こうとしているのか、日常の仕事を通じ知ることのできる部署にいたのである。他部署の係長職では到底入手でき得ない情報も少なくなかった。

こうした経験があるため、図書館に異動して感じた不安は「鹿嶋市がみえない」というものだった。他部署の案件や職員の動向が全く入ってこない。図書館は情報の拠点という表現が常套句のように使われるが、こと庁内情報に関しては過疎地である。館長が非常勤や指定管理者である場合、この状態はさらに懸念されなくもない。だから、できる限り庁内を歩くことを心掛け、情宣に努めたのである。

図書館界では先述したように行政支援サービスと呼称する取り組みであるが、そもそも、この表現を私は好ましいと思っていない。図書館サービスが庁内で理解されていない現状は是認せざるを得ないが、庁内各課連携は当然の仕事であり、特別な呼称を与えるサービスなのかは疑問である。

こうしてこまめに本庁に行っては情宣活動をしていた。こうしたことが奏功したと言うつもりは毛頭ないが、図書館に異動して六年目に図書館は「課」となった。課に昇格したことで、館長の発言力が庁内で大きくなったということである。課に昇格すると同時に私も昇任し館長補佐となった。教育委員会総務課の下部組織では補佐は置けないので、私にとってタナボタのような昇任と映った同僚もいたかもしれない。

次は、臨時職員の雇用条件の改善だった。私は図書館に異動になるまで、非正規職員と一緒に働いた経験がなかった。係長として臨時職員の労務管理は担当業務。一生懸命働いてくれているのに、支払う賃金はその対価に見合うものとは思えなかった。といっても、私の一存で賃金を上げられるものではない。人事課の所管業務である。

ある日、上司から嘱託職員制度の研究をしてほしいと指示があった。当時は現在のように非正規職員が役所の本庁や出先機関のスタッフの多数を占めてはいなかった。そんな中で、図書館と学校給食センターは非正規職員が多数を占める珍しい職場であった。

上司は元市職員組合の執行委員長を務めた経験があり、労働条件には人一倍関心のある人だった。いろいろ調べ、臨時職員よりは厚遇できる嘱託職員制度の導入を人事課と交渉。要綱を整理し晴れて役所内で先鞭をつけた。直ぐに学校給食センターも、図書館に倣い嘱託職員制度を導入。少しは非正規職員の雇用の改善を図れたかなと思っている。

後に赴任した塩尻市でも、非正規職員の労働条件の改善は管理職の最大の務めとして、嘱託職員のグレード制の導入、それに伴う昇給制度等を人事課と交渉し実現することができた。

こうしたことは、人事課での経験が活かせたものと思っている。図書館員にとって、民間企業はもとより、他部署の経験で無駄なものは何一つないのである。

最後は、図書館オリジナルの郷土資料の製作である。鹿嶋市立図書館では前任者の仕事を引き継ぐかたちで、国の補助金を活用しニューメディア事業を推進した。期間限定の非常勤特別職として委員会を立ち上げ、例規を整備し、パソコンや映像編集に長けた市民を委員に委嘱し、図書館オリジナルの映像資料のアーカイブスを製作した。編集に必要なデジタル機器は補助金を活用して整備し、市内の伝承行事や地元高等学校のサッカー部の全国大会の記録等、市民の協力を得て図書館のポテンシャルや守備範囲を庁内に示した。

また、交付金を活用し、行政関係の新聞記事のアーカイブスを整備し、庁内グループウェアで情報提供するなど、とにかく庁内で図書館と言う存在が関心を持たれるような取り組みを積極的に展開した。資金的には外部資金を活用し財政課へのアピールとした。

同じく、外部資金を活用し、図書館のホームページも立ち上げた。役所内に情報政策を専門とする専門部署がなかったころである。

しかし、こうしたニューメディア事業は、より簡単で安価なソフトや、誰でも容易に操作できる機器が開発されると、過去の仕事は膨大な時間と経費の無駄使いと見られがちで、またメディアの著しい技術革新もあり、その成果の検証は極めて難しいと言わざるをえない。

聖徳大学での二か月半に渡る図書館司書夏季集中講座の受講、図書館情報大学大学院での研究活動、さらに本稿では触れなかったが、日本図書館協会が公募・派遣するホーナー交流基金の交換留学生としてのアメリカ合衆国アリゾナ州での三週間余の視察研修（詳しくは、拙著『だから図書館めぐりはやめられない』か、日本図書館協会のホームページを参照）等、私はどれだけ職場の協力に支えられ学ぶことができたか、こうして述懐すると、いかに上司と同僚に恵まれたかを痛感する。

また、こうした学びを支えられる職場風土をつくることが、管理職となってからの最大の仕事であることを身をもって学習したのが図書館であった。

換言すれば、誰しも学ばなければ変われない、ということである。私のような浅学非才な者でも学べば変わることができたのである。それを図書館が教えてくれたのである。

学校図書館変革の第一歩

平成一八年四月、九年間にわたる図書館勤務に別れを告げ本庁に戻った。次の職場は教育委員会学校教育課だった。

自治体によって、学校教育課のイメージが違うので先に分掌事務を紹介すると、市内の市立幼稚園・小学校・中学校の管理運営、通学区、学校給食、学校ＩＣＴ、就学援助、学校図書館、諸外国との中学生交流事業等である。

また、課内室として指導室があり、指導室長は学校長経験者（現職）が就いていた。よって、議会の一般質問は、学校教育課と指導室の二つを答弁することとなるので、いつも質問件数はトップクラスの「売れっ子」だった。

着任して早々に思い知らされたのは、保護者と学校（教員）とのトラブルの多さであった。前任者から引き継いだ事項は難題ばかり。着任早々に顧問弁護士を訪ね、以後、たびたび訪ねることとなった。多分、この年度、最も顧問弁護士事務所を訪ねたのが私であったと思う。

こうして、図書館の日常とは正反対の毎日に変わった。「ありがとう」と毎日言われる世界から、ほぼ毎日、保護者からクレームを受け、学校長から相談を受ける世界となった。

学校事故はいつ起きるとも限らないので、携帯電話は二四時間肌身離さず持つようになった。職場が変わるとこうも変わるのである。

学校教育課長になったら、どうしてもやりたい仕事があった。それは学校図書館の整備だった。図書館長時代、同じ教育委員会とは言え学校図書館は所管外。長年、学校司書のいない図

交流事業としてオーストラリアへ（カラウンドラ市のカウンシル）

書館として人的配置がされてこなかった世界を、唯一、変えられる権限のあるポストに就いた以上、なんとかしたかったのである。

幸い、私の着任を待っていたかのように、学校図書館を何とか整備したいという熱心な部下から相談を受けた。着任前から望んでいたことである。直ぐに呼応し、整備に向けた検討を進めるよう指示を出した。

とは言え市の財政は逼迫しており、次年度予算もマイナスシーリングである。新規事業を提案するには何かを削るか、教育委員会のどこかの部署の予算を回してもらうしかない。

もう一つ方法があった。それは財政課の査定を経ずに、市長自らが先決する市長枠予算として獲得することだった。

プレゼンは苦手ではない。学校図書館を変えるには学校司書を配置すること、資料の充実を図ること、そして資料管理を電算化すること。この三つを市長に直接訴え、「学校図書館は本当に児童・生徒で賑わうようになるのか」との問いに、自信を持って「はい」と答えた。

こうして新年度予算に学校図書館整備事業は採択。順次、この提案が具現化し、今では全小中学校に学校司書が配置（一部複数校兼務）され、活発な活動は県内で広く評価されところとなった。学校図書館には学校司書がいる、という当たり前の姿をつくっただけであり、とりたててすごいことをしたわけではない。もちろん、私は所管課長として予算獲りしたまで。熱心な部下が大きな仕事をやりとげてくれたのである。

また、当時、市内の中学生を韓国と中国に派遣する交流事業も所管業務であった。そこに降ってわいたのが、オーストラリアを新たな交流先として交渉しろ、とのミッション。東部のカラウンドラという地方都市との交流事業を締結し、初めての派遣団の責任者として市内の公立・私立の中学校から選抜された一五人を引率してオーストラリアの地を踏むことになった。

オーストラリア出身のＡＥＴや中学校の英語教師が同行してくれたので、私が現地で交渉することは少なかったが、新規事業の大任をなんとか果たすことができた。

さらに、英語特区の申請も行なった。これも市長からの特命の仕事。優秀な部下に恵まれ、県や国とやりとりしながら、こちらも新規事業としてスタートするかたちを整えた。

とにかく、学校教育課は図書館に比べたら膨大な予算を持つので、議会の決算委員会では説明だけで二時間は要した。また、定例教育委員会も案件の大半は学校教育課である。図書館長の発言時間の二〇倍ぐらい喋るのが学校教育課長だった。

結果的に、一年しか務めなかった職であるが、二八年間の鹿嶋市役所勤めで最も思い出深い日々であった。

●コラム●図書館員は、やっぱりヘンかも④

図書館員と電車

私が移動手段に最も使うのは、もっぱらマイカーである。続いて飛行機、電車、高速バスという順位。費用面というよりも好きな順位である。電車が嫌いな理由は、乗車する際に駅員に行先を尋ねなければ、自分が乗り込む車両が正しいか否かがわからないことである。自己責任の移動手段なのである。

聞けばいいだけの話と笑われるのがオチだが、飛行機や高速バスは乗車の便が間違っていれば乗車時にわかる。その点、電車は乗れてしまうのが怖い。

しかし、私は「撮り鉄」ではないが、電車の車両は魅力的であり、カメラを向けることが多い。外装もカラーリングもいいが、私は内装の地域差がたまらなく好きである。乗客がいるので内部の写真を撮ることが難しいが、椅子やポールの配置など興味深い。

鉄ちゃん、鉄子で、図書館員で多いのは「乗り鉄」「撮り鉄」だろうか。旅から学んだり、友を得たりする図書館員は多い。

予期せぬ転職の誘い

大学院で研究し、そして図書館めぐりを続けていくうちに、不遜にも一つの欲望が芽生えてきた。それは「図書館を最初から立ち上げたい」という荒唐無稽な夢だった。

しかし、鹿嶋にいては新しい図書館を建設する計画はない。このまちにいては叶わぬ夢なのである。

前述したように、転職願望は以前からずっと持ち続けていた。しかし、それは役所以外の仕事に就きたいという願望であり、鹿嶋市以外の役所勤めというものではなかった。

でも、ここまで図書館という仕事が愛おしくなってくると、役所以外の仕事よりも、他の役所で公募があれば、ダメモトでもいいから挑戦してみよう、という気持ちが高まってきた。

大学院で学び始めた係長時代、関東の某自治体で、図書館を核にした複合施設の建設に際して館長募集とのニュースを目にした。早速、必要な書類を作成し応募した。一次試験は書類審査。思ってもみなかったが、これが通った。二次試験は一次合格者を一室に集めての二つの課題の論文試験。見渡した限り私が一番若年と思われた。結果は不合格。あらためて現実的な夢ではないな、と痛感した。

館長補佐の時代、思ってても見なかった打診があった。新しい図書館をつくる計画があるので、館長として就くことは可能かとの内容であった。要は一本釣りという方式である。しかし、図書館建設が市長選挙の争点になっており、反対派が当選した場合、この話は無くなる、という条件も付されていた。結果としては図書館建設推進を唱えた候補者が敗れたため、夢は潰えた。よくある話である。

この一件で、頑張っていれば、どこかで私を評価してくれる人がいて、ヘッドハンティング話が舞い込んでくることもあるのだ、ということを知った。

しかし、それ以降、応募することも、招聘話が舞い込むこともなく図書館勤務が終わり、図書館とは、筑波大学の博士後期課程に席を置き、博士論文を書くことが唯一の繋がりとなった。

学校図書館に異動になり、繁忙の日々のなか、博士課程の研究もままならず、徐々に図書館がフェードアウトしていきそうだ、と思っていた矢先、二度目の招聘の打診があった。相手は聞いたこともない長野県塩尻市というまちだった。

インターネットでみたら、二〇〇六年（平成一八）四月に塩尻市立図書館基本計画を教育委員会が策定し、計画内容は私が思い描いていた図書館サービスが随所に書かれた素晴らしいものだった。

その中の「図書館職員のあり方」に、次のように記されていた。

「館長は図書館の基本的任務を自覚し、住民へのサービスを身をもって示し、職員の意見をくみ上げるとともに、職員を指導しその資質、能力、モラルの向上に努める。そのため館長は、読書好きであるとともに、司書資格があり、幅広い知識や経験を持ち、図書館の運営に情熱的でなければならない。そのため図書館長を公募で選任することも考える必要がある。」

しかし、最初の条件は、私にとって納得のいくものではなく、残念ながら断ることとなった。五〇歳の私に対して五年間の期間限定の雇用との条件だったからである。役所の定年は六〇歳。この条件は到底受け入れられるものではなかった。

数週間後、定年までの雇用（普通の公務員として）で採用する、とあらためて連絡があった。しかし、年度途中で鹿嶋市を退職してほしいとの意向だったので、再び辞退せざるを得なかった。たとえ田舎の役所の一兵卒と言え、管理職の立場にある者が年度途中に離職するのは信条に反するとの意思を伝えた。年度内に塩尻市に就けば、基本設計の協議に途中から加われるという誘惑は捨てがたいものではあったが、優先すべき事柄ではないと判断した。これで、二度目の招聘話は潰えたかな、と複雑な気持ちでいたところ、再度連絡があり、二〇〇七年（平成一九）四月一日採用という条件が提示された。

もっとも、この時点で採用決定となったものではない。実は複数の候補者がいて、個別面談によって採用者を決めていくということであった。当然ながら、この時点で詳細を知る由はない。理事者や市の幹部職員と二度にわたり、東京で「面接試験」的な時間を設けられ、問われるままに、私は図書館に対する思いの丈を語った。採ってほしいと媚びへつらう必要もないし、複雑な面談であった。

ここまでは、私人としての私に関する出来事で、公務員の守秘義務の該当するものではない。その後知ることになる採用に当たっての舞台裏は書くことは控える。ただし、必ずしも私が庁内で職員から圧倒的に望まれて招聘されたものではなかったことは赴任早々に知ることとなった。

第3章 塩尻市の図書館

五〇歳の新規採用職員

二〇〇七年（平成一九）四月二日(月)、塩尻市役所の会議室にて市長から採用辞令をいただく。同期の職員の中に、後に全幅の信頼を寄せることになる若い女性司書のKさんがいた。

塩尻に初めて来たのは、今回の招聘の話が内定した二月。新宿駅から初めて特急あずさに乗車し、車窓から移ろう冬景色を眺め、図書館に異動になって一〇年の駆け足の日々を感慨深く反芻していたのを忘れない。

迎えてくれた塩尻市立図書館長のGさんは、東京で一度会っており、電話等による私との交渉事を市長から一任されていた方である。塩尻の意向に首肯せず、散々苦しめた私であるにもかかわらず温かく迎えてくれた。

目的は図書館の下見と、駅周辺の中心市街地の現状を確認しておくことだった。私の素性はまだ明かせないので、名乗ることなく蔵書点検中の館内をG館長に案内してもらった。正直、鹿嶋の図書館に比べ、一〇年以上遅れている感は否めなかった。貸出用の視聴覚資料はカセットとCDの音声資料だけで、ビデオやDVDといった映像資料は所蔵していなかった。OPAC以外のパソコンの端末はなかった。ただし、一般書も児童書も数は少ないものの蔵書はすばらしかった。限られた予算の枠内でしっかりと選書されていることがわかる安心できる棚だった。

なによりも、すれ違うスタッフ一人一人が会釈をしてくれることに感動した。ここでならやれるかもしれない、と思った。

当日、辞令をもらい、早速、図書館に挨拶に行った。私の館長就任と同時に教育委員会事務局次長に昇任された先のGさんに連れられ、教育委員会事務局や本庁の関係部署に挨拶回り。次から次へと、とにかく覚えきれないほどの人を紹介された。なかには、市役所の廊下で市議会議員とすれ違い「今、塩尻市内だけでなく長野県内で最も注目されていますよ」と声を掛けられもした。数日後、その方が市議会の議長と知った。

この言葉だけではない。この日だけでどれだけ鼓舞される言葉を掛けてもらっただろうか。

一兵卒として二八年間、鹿嶋市役所で働いてきた中で、数回しか言われたことのない「期待しています」という言葉を何度も掛けられ、あらためて身の引き締まるデビューの日だった。

驚いたのは初日だけではない。その後しばらくは、毎日のように市議会議員、市の幹部職員、市民、新聞記者等が挨拶に来られた。

鹿嶋市役所時代、新聞記者が職場を訪ねてくるのは、どちらかと言えば何らかの不祥事が発生したときで、私個人としては出来れば避けたい訪問者の筆頭が新聞記者であった。その避けたい相手だった記者が、着任早々、各社次々と訪ねてきた。どこで生まれ、何を学び、図書館についてどう考えるのか等、要は私個人の取材である。こうした経験もこれまで全くなかった。

地元のメディアは、行政を厳しく監視するというだけではなく、行政と一緒になって、市民生活を豊かにしていくというパートナー関係にあることを知った。その後、新聞等による広報活動にどれだけ支えられたか、塩尻での五年間を語るうえで欠くことのできない同志と言っても過言ではない。

茨城県と長野県、鹿嶋市と塩尻市、この大きな違いも赴任して暫くすると徐々にわかってきた。

まず、新聞の購読率の違いである。

全国五紙（朝日・読売・毎日・日経・産経）の朝刊普及率は、茨城県は約六八％で、長野県はわずか約一八％に過ぎない。ちなみに、茨城県は読売新聞の普及率は約三四％で全国一。それだけ、長野県は地方紙が広く読まれているということである。地方紙に比べ全国紙の地方記事の紙面はわずか。一方、地方紙を飾るのは事件というより、地方の穏やかな話題が多い。そういった話題を好む県民であるからこそ、地方紙のシェアが高いのであろうか。

塩尻市は長野県を広域で表現すると中信地区に該当する。全県紙である信濃毎日新聞、ブロック紙である市民タイムス（タブロイド判で通常は二四頁建て。発行部数は約七万部）、そして中日新聞（長野県版）が広く読まれている。私も読者であったが、特に信濃毎日新聞と市民タイムスは、読んでいないと職場での話題についていけないくらいの存在。全国紙に載るよりも地方紙に載った方が職場の話題になるのである。

なかでも市民タイムスと、信濃毎日新聞に週三回折り込まれるフリーペーパー松本平タウン情報（発行部数は約一二万部）は、図書館から発信したい情報やイベント等の取材記事を積極的に掲載してくれた。記者と親しい関係を保てたこともあるが、どれだけ図書館の記事を載せてもらったことか、感謝に堪えない。新館建設という大きなプロジェクトであったこともあろうが、多分、塩尻市役所の各課の事業の中で、図書館は群を抜いて紙面を飾ったと言えるかもしれない。

退職後、市民タイムスや松本平タウン情報は、拙著の刊行の度に大きく紙面で紹介してくれたり（時には取材記事も）、信濃毎日新聞や読売新聞では書評を掲載してくれたりする等、塩尻と私の縁を絶やすことなく繋ぎ続けてくれているのも、地方紙の優しさであろうか。

松本平タウン情報は、私が塩尻市役所を退職し一年経ってから、本紙で月一回連載のリレーコラム「本のたのしみ」の筆者の一人に私を迎えてくれ、現在も第二の故郷に拙い文章で近況を伝えさせてもらっている（私の担当月は年二回）。

ちなみに、私以外の執筆者は、長田洋一さん（編集者）、神津良子さん（郷土出版社社長）、笹本正治さん（信州大学副学長）、池内紀さん（ドイツ文学者）、竹迫祐子さん（安曇野ちひろ美術館副館長）〈順不同〉と、錚々たる布陣で、その末席を汚しているのが私である。（二〇一五年（平成二七）四月現在）

次に役所の体質である。

鹿島町（市制施行前）は、一九六五年（昭和四〇）代から本格化した鹿島臨海工業地帯の開発で変貌を遂げた地域である。全国から旧住民を上回るものすごい数の転入者がやってきて、往時の姿は一変した。町内外には多くの企業団地が建設され、まちは活気にあふれていた。一時期、日本で一番ラスパイレス指数（国家公務員との比較で地方公務員の給与水準を表わす指数）の高い町役場と喧伝された時代もあった。

特に一九六五年（昭和四〇）代後半から一九七五年（昭和五〇）代初めにかけて、都市計画、下水道、文化財保護、社会教育、福祉等、山積する町の喫緊の行政課題に対応するため、鹿島町役場は全国から大量の職員を採用した。私が採用になった頃は人口増加も漸増となり、他県からの受験者は少なくはなっていた。高い給料が世間から叩かれ、昇給停止となったことも一因であると思う。当時採用された先輩に言わせれば、それでも鹿島に進出してきた民間企業に比べるとはるかに安かったとのことである。

こうしたことから、部長職の半数を他県出身者が占めた時期もあった。庁内を見渡せば、他県出身者がゾロゾロいる県庁のような町役場だった。私が仕えた首長は三人。うち一人は北陸の出身者で、総務部長を経て市長になった。他にも他県出身の元市職員で副市長や教育長を務めた例もあり、それが独特の組織風土をつくっていたとも言える。

しかし、塩尻は違っていた。私が五〇歳で招聘され、いきなり図書館長に就くというのは前代未聞の異例の人事。それ以前に、鹿嶋市のような他県出身者が何割かを占めるような組織風土ではなかった。このことからも、「お手並み拝見」的な冷めた見方があっても不思議ではない環境に思えた。着任早々に、同僚からそんな意味にとれる言葉を掛けられたことも何回かあった。いわゆる外様館長なのである。

最後に、市民の図書館に対する思い入れである。

塩尻は図書館に関しては一九七一年（昭和四六）創設と歴史は浅い。長野県全体を見れば、明治時代の創設が三市、大正時代の創設が八市町村と、教育県の面目躍如たるところがある。ちなみに茨城県は、明治時代の創設は県立図書館と石岡市のみ。大正時代の創設は土浦市のみである。こうした時代背景があるのかどうかはわからないが、ときおり、利用者さんから「館長先生」と呼ばれることも少なくなかった。

このように、マスコミ、役所の組織風土、図書館の存在の大きな違いに、時に戸惑い、時に悩み、時に励まされ、塩尻で五年間の日々を過ごすことになるのである。

中心市街地の活性化に寄与することを使命とした図書館

塩尻の新図書館は鹿嶋市とは違った大きな特命を帯びていた。それは中心市街地の活性化に寄与することであった。鹿嶋市の中央図書館は市街地から少し離れた閑静な住宅地にあったが、赴任時の塩尻市の図書館は市役所に隣接。新館建設予定地は、道路を挟んでイトーヨーカドー(当時)が立地する商店街のど真ん中であった。

塩尻も他の地方都市の例にもれず、旧商店街と郊外のロードサイド店舗との隆盛の格差は否めず、新図書館は中心市街地の活性化のために建設される複合施設の中核施設として期待されていた。教育施設はもとより、商業の活性化にも寄与することが求められていたということである。

先述した塩尻市立図書館基本計画（平成一八年四月策定）は、そもそも中心市街地に新図書館を建設することを前提に策定されたものではなかった。あくまで、塩尻市が描く図書館の未来像（理想像）を記したものであった。

そのため、図書館基本計画策定に尽力された一部の市民や図書館活動に熱心な支援者だった方々から、商店街のど真ん中に図書館が建設されるとは言語道断と、新館建設の場所が決定するやいなや、一転して建設反対に回るという事態を招いてしまっていた。

私の着任前に起きていたこうした市と一部の市民との確執は、私が着任したところで解決をみるものではない。しかし、図書館の専門家（私自身は決してそうは思っていないが）として招聘された私の言動が注目されるのも当然であり、図書館に一家言を持った市民やグループが私を訪ねてくることも少なからずあった。

一時は図書館を離れていった市民の中には、胸襟を開いて話し合うことで、再び図書館のサポーターとして良好な関係を結ぶことができた人もいる。個人的には敵対する間柄ではなく、むしろ優しく接してもらったが、こと図書館に関してだけは、何度話し合っても、新館建設の場所が決まる以前の図書館との蜜月関係に戻すことができなかった方もいる。返す返す私の力不足を恥じ入るしかない。

まずは資料収集方針の見直しに着手

塩尻市から拝命されたのは、教育委員会生涯学習部図書館長と八つの分館長、さらに古田晁記念館の館長（古田晁は筑摩書房の創業者）。さらに、併任辞令として首長部局の協働企画部市民交流センター開設準備室の補佐と一一の職であった。もっとも、日中は図書館の自席（館長室という個室はない）が居場所。平日は本庁の総務課が所管する市内公共施設へ公文書を配達する車に分館への予約本を積み込めば良かったが、土曜日（日曜日は分館は休み）の人手がない時は予約本を積んで分館に届けに行った。

塩尻市の行政面積は鹿嶋市の三倍の約二九〇㎢。長野県内では決して突出した面積ではないが、茨城県で考えると相当大きな面積と言えた。そのため、新規採用職員を市内八館の分館を案内するとなると、一日で回るのは厳しいものがあった。

また、年に数回、臨時職員が急用で勤務できない時に、古田晁記念館（土日・祝日のみ開館）に終日勤務することもあった。

市民交流センター開設準備室の補佐の辞令は、図書館を含めた施設の建設準備の進捗状況の把握が容易にできるようにとの併任辞令で、取り立てて日常的に本庁の準備室に通うものではなかった。むしろ、図書館の係長と開設準備室の係長を兼務していたIさん（私の後任の図書館長）が、日常的に両方の職場を行ったり来たりする忙しい立場だった。

着任時の図書館は、正規職員は私を含め四人（うち係長は兼務）。ほかは嘱託と臨時職員であり、平素の事務室は、主に庶務を担当するNさん（司書有資格者）と私だけという状況が珍しくなかった。私がカウンターに出るのは、ローテーションに沿った午後五時以降で、日中は来客の対応と、新館準備のためのデータ解析が主なる一年目の仕事だった。カウンター好きの私にはルーチンワークにカウンター業務がないのは寂しかったが、業務量を考えると仕方がなかった。それでも、カウンターにはできるだけ顔を出すように努めた。「あら、館長さんがカウンターにいる」と驚かれたこともあり、それも密かな楽しみでもあった。図書館長がカウンターに出るのは、本当は珍しくもないことなのであるが。

データ解析の目的は、過年度の資料の貸出状況の把握であった。一次区分・一次区分の利用率と回転率から、新館の棚構成を考えるための基礎統計であった。塩尻ではそれまで利用率・回転率を基づいた資料収集をしておらず、着任早々に僭越ではあったが、選書の在り方の再考を投げかけることとなった。

まず、複本の多さであった。複本といっても、児童書のロングセラーや郷土資料を除く、俗にいうベストセラー本であった。著名な文学賞の受賞作が閉架書庫にずらっと並ぶ様を見て驚くと同時に、大半は状態の良い美品の状態で何冊も居座っていたのである。データを見れば一目瞭然。例えば複本を五、六冊揃えれば、その貸出履歴は個々の本によって違うのは当然であるが、最も動いた本と動かない本とでは相当な開きがあった。利用回数が少ない本は、図書館全体で見ても平均以下というものさえあった。要は「買い過ぎ」である。ベストセラー本の旬は短い。買い過ぎると無駄なコレクションとなる。貸出の少ない本は不要というのではない。貸出の少ない、しかも旬の短い本を複本で大量に購入することが公共サービスとして適当であるか、という問題である。しかも、本の購入予算は限られているのである。

こうした蔵書構成の問題点を、主観ではなく客観的なデータで示し、スタッフに考えてもらうことで、まずは収集方針の見直しに着手した。

着任早々、外様の私に従来の収集方針の問題点を指摘されたわけであるから、スタッフの中には面白くない者がいたとしても不思議ではない。外様館長の多くが悩まされるのが、身近なスタッフとのコミュニケーションの齟齬である。齟齬ならまだしも確執となり、軋轢が生じ、その結果、体調を病んだり、志半ばで職を辞したりした外様館長を私は何人も知っている。専門職としてのプライドが衝突するのも、図書館界ゆえに起こり得る問題なのである。また、図書館以外の役所の職員の態度に辟易して職を辞すなど、外様館長は決して恵まれた環境で仕事をしている訳ではない。その点、私は恵まれた方であったかもしれない。

選書に関しては、私が大学院で出版流通を研究していたことが奏功した。単に図書館における貸出しという問題ではなく、出版流通の課題なり、出版文化の視点で、図書館サービスの使命を説くことができたので、表立ったスタッフの抵抗はなく、徐々に改革を進めることができたと思っている。

手前味噌であるが、後になって「図書館の現場で、出版文化という言葉で選書を語る館長が新鮮に映った」とキャリアの長いスタッフから言われたことがある。確かに、いまだに出版文化と言う言葉は図書館界では日常的に使われてはいないと思う。塩尻では、早速『出版指標年報』（出版科学研究所）等の出版関係の参考図書を揃えることを指示。スタッフの意識改革も自らに課した大きなミッションだった。このスタッフが大きく成長したことが、現在の塩尻市立図書館の財産となっていることは言うまでもない。

次に取り組んだのは、分館の棚づくりであった。一館を除き、どこの分館も棚にはびっしりと本が詰め込まれ、表情の乏しい棚になっていた。

ここで提案したのは、「見せているだけの棚」を「魅せる棚」に変更することであった。狭隘な施設、余裕のない書架配置、さらに冊数を満たそうと本は面出しなどせずにすし詰め状態。これでは利用者に情報を提供していることにはならない。かえって情報を見えなくしているとして、大胆に書架の本を減らすことを提案した。これも収集方針同様に、メリット・デメリットを説いたうえで作業に当たらせた。

ほとんどは地元雇用の臨時職員であった当時の分館職員にしてみれば、平穏な日々に突然、鬼のような館長がやってきて、吠えまくっていると映ったに違いない。

私が全国各地の図書館めぐりで、ときおり耳にする言葉に「これは館長が決めたことなので」という図書館員の返答がある。私の質問は「どうして、ここはこうなっているのですか」である。単純に疑問に思ったので尋ねただけのこと。しかし、私たちは知らない、と答えが返ってくるのである。館長一人の判断でやった結果が、この返答なのである。仮にそれが成功したとしても、スタッフの学習を経ない改革は、その言葉に値しない。スタッフが学習した上で取り組まなければ改革にはならないし、その時点からの発展は見込めない。学習の基礎がなくて、そこから発展など望むべくもない。どれだけ、こういった負の遺産を訪問先の図書館で見てきただろうか。

このような感じで旧館での日常を送っていた。新館に関しては実施設計の検討が始まり、正直言って基本設計に納得できない点はあったものの、開設準備室の一員として、また図書館長として、必要に応じ招集された会議で意見を述べた。

印象的だったのは「図書館しか知らない人かと思っていたけれど、そうじゃないので安心した」との市の幹部職員から掛けられた言葉だった。図書館員こそ、まちを歩かなければ仕事はできない、というのが持論。その後、それを実践した五年間であった。

公共サービスとしての図書館の使命を説く

庁内においても、市民交流センターの建設は、莫大な経費を投じる一大プロジェクトとして、中心市街地活性化推進室、市民交流センター開設準備室とは不断に情報のやり取りをした。単に図書館をつくるのではない。中心市街地の活性化という命題、さらに、その起爆剤として建設される施設の中の図書館の役割と他部署との連携。しかし、それらのこと以上に大きな悩みだったのが、オープンの日が全く見えない状態にあったことである。

普通ならば来年の○月○日開館と華々しく市民に周知し、堂々とカウントダウンとなるのであるが、さまざまな事情があって開館日を特定できず、その中で、新館開館の準備を進めることが大きなストレスになっていた。

どんな図書館をつくるのか、とたびたびいろんな人に聞かれた。答えは簡単である。塩尻市立図書館基本計画を粛々と遂行する、としか答えようがない。「どんな?」との問いに、私が答えられるとしたら、図書館基本計画で言及していない書架の配置、資料の排架、蔵書構成といったもので、極めて限られた中で自分のやりたいことをどれだけかたちにするかであった。

もちろん、私がやりたいこととは全てスタッフの合意を得て行なうことで、結果として「塩尻市立図書館のやり方」とならなければならない。しっかりと協議しなければ、いままで全国で目にしてきた同じ失敗をしかねない。

まず、選書方針については、隣接する松本市の資料の傾向を徹底的に分析した。なぜならば、松本市は人口二四万人で、図書購入費は全国の同規模自治体と比較しても恵まれた環境にあった。塩尻市が新館建設の「特需」とはえ、到底足元にも及ばない。しっかり松本市のコレクションの分析をしなければ、そもそも生活圏でもある松本市の図書館に通っている塩尻市民に、あらためて塩尻の図書館に目を向けさせることは難しいと判断した。

しかも、中心市街地の活性化という命題に応えるためには、逆に松本から塩尻に来てもらわなければならない。新館が出来たからといって、これまで図書館に来たことのない塩尻市民が大挙して新規の利用者登録をするかといえば、そうはならない。潜在的利用者の開拓は容易ではないのである。私は公共サービスとしての図書館の使命を考えれば、既存の利用者のリピート率を上げることより、約七割の図書館を利用したことのない市民に、いかに図書館をアピールするかが重要な課題であった。

そのため、着任早々に市長には「貸出冊数を伸ばすことを目標にするのではなく、一人でも多くの市民に図書館サービスを知ってもらうことを目標とします」と告げた。そして、スタッフにも同様のことを宣言した。四月末の図書館の歓送迎会で、「貸出を伸ばすことばかり考えてきました。いつも来てくれる利用者さんのことを考えて選書をしていました。館長の言われた七割の市民のことを忘れていたかもしれません」と、涙を流された分館職員がいたことは忘れられない。

●コラム●図書館員は、やっぱりヘンかも⑤

図書館員とヒゲ

阿部恒久の『ヒゲの日本近現代史』（講談社、二〇一三年）によると、ヒゲの漢字表記は部位により三つあるとのこと。頬ヒゲは「髯《ゼン》」、口ヒゲは「髭《シ》」、顎ヒゲは「鬚《シュ》」となる。よって部位を定めないヒゲ全般を指す場合は「ヒゲ」と表記するのが正しいらしい。

図書館員は役所の中ではヒゲを蓄えた人が多い、というのが私の実感である。私も図書館に限らず役所の本庁勤務の時も「髭」を剃ったり蓄えたりしていた。退職後はずっと髭面である。

長野県池田町は平成二七年が町制施行一〇〇周年ということで、男性職員は髭を蓄えることで記念の年を周知し、盛り上げようと「ひげプロジェクト」なる取り組みをしていた。

この事業はたまたま池田町に講演で伺った際に知った。早速、職員が付けていた中央にカイゼル髭が描かれた缶バッチを記念にいただき、約束どおり、全国あちこちでの講演で宣伝に努めた。このバッチは大切な記念品で、講演先のトレードマークになっている。

図書館員よ〝書を捨てよ、町へ出よう〟

文科省の新任図書館長研修始め、全国の図書館で講演させていただくテーマの一つに「図書館の人事管理」がある。既刊の拙著でも述べているが、図書館長は極めて特殊な管理職であることは間違いない。だれでも務まるが、だれでもできる職ではない。「務まる」とは、部下に一切を任せ、館長として一切の責任をとる、というタイプ。管理者としては合格であっても、図書館長としては如何なものであろうか。しかし、職員が安心して伸び伸び仕事ができるのであれば十分に評価できると思う。本庁の課長が、全て業務に精通した専門知識を持っているわけではない。また、それを市民も部下も求めたりはしない。管理職は何があっても部下を守り鼓舞し、適切に人事評価するのが使命であると思う。

しかし、図書館長はちょっと違う。専門職性が市民から求められるのである。「司書の資格を持った人が欲しい」等、市民はよく口にする。商工労政課長には中小企業診断士、人事課長には衛生管理者、建設課長には一級級建築士、といった業務に関係する資格が求められるといった話は寡聞にして聞いたことがない。

ところが、図書館長には司書の有資格者が望ましい、と図書館関係団体や公的な報告書では言及されている。しかし、司書資格を持つ館長は、公共図書館全体で二割に満たない現状であり、都道府県立図書館では六〇館中五人しかいない。（『日本の図書館二〇一四』）

ときおり、司書資格を持たない館長から「図書館員に司書資格なんて必要ない」との発言を聞くことがあるが、司書資格を持つ私も何となく言わんとすることがわからなくもない。しかし、それは有資格者ならば言える（許される）ことであり、資格のない人が、資格の価値を云々することは好ましい発言とは思わない。司書は国家資格である。個人の価値判断で資格の適否を軽々しく論ずるものではない。

問題は、司書の資格というよりも、司書の有資格者にありがちな言動ではなかろうか。

一九九七年（平成九）一二月の『図書館雑誌』に掲載された一本の論文が強く印象に残った。図書館に異動になって九か月、日本図書館協会の個人会員となって三か月過ぎた頃である。伊藤浩さんという図書館勤務三年、区役所勤務歴一三年の司書資格を持たない一般事務職員から見た図書館現場の現状を述べた小論だった。

「利用者サービスを表に出しながら、人事異動への恐怖や司書資格を持たない上司に対する拒否反応を覆い隠して、自分たちだけの精神的安住の地を作ることに躍起になっていませんか。

いったい誰のための図書館なのでしょうか。司書のための図書館ではないはずです。利用者は一〇年も二〇年も同じ職場にしがみつくような人を図書館に必要だとは考えていません。」

このような、司書にはかなり厳しい指摘が随所に述べられたものだった。司書となって（資格者となって）三か月の私と、一八年の本庁の官房系の職場の経験をベースに、この投稿を読み、いてもたってもいられず、生意気にも「現行司書制度の根本的見直しを」との拙稿を数日で書き上げ、館長に投稿の許しを得て日本図書館協会の編集部宛に投函した。今読むと極めて稚拙な内容であるが、その時の知識、その時の感情でしか書けないものであり、また、この投稿がきっかけとなり、斯界での自分をつくっていく端緒となったことは確かである。

「図書館員よ〝書を捨てよ、町へ出よう〟である。図書館はまちの広告塔である。そんな図書館員が殻に閉じこもっていては、いつまでたっても、行政の中では伊藤氏が言うような異端児扱いをされるであろう。

図書館員に求められるのは、図書館への熱意であり、資格の有無ではない。」

このような檄文が一九九八年（平成一〇）五月号の『図書館雑誌』に掲載されたのである。正直、投稿はしたものの、掲載されるとは思ってもいなかったので、掲載誌で拙稿を読んだときは消え入りたい気持ちだった。

暫くして、三通の封書が送られてきた。どちらも、拙稿を読んでの感想が綴られており、投稿の勇気と、内容を評価してくれるものだった。そのうちの一人は、図書館現場から現在は大学の教員となっている方である。

専門誌に拙稿が載ることも初めての経験であり、拙稿を読んだ感想が見知らぬ人から送られてくるのも当然ながら初めてのこと。このことも私にとっては一大事であった。

話しは少しそれてしまったが、現在はどうかといえば、司書の言動が変わったとは言えない。もちろん、司書の全体像として語るつもりはない。熱心な図書館員は積極的にまちに出て市民と交流している。しかし、依然として、名刺も持たない司書、役所の職員や異業種の方と積極的に交流しようとしない司書は少なくない。

なかには、これは自分が選んだ本だから他館に所蔵替えは認めない、と語る信じられない発言をする司書もいる。公共サービスの目的、図書館サービスの使命すら理解していない発言である。

図書館長は、まず、この組織風土を変えるべきであると思う。また、民間や役所の他部署から着任した人であれば、そうしないではいられないと思う。だから、先の司書資格不要との発言になるのであろう。

図書館員の学習については、正規職員と非正規職員で研修機会に相違があったり、そもそも自館での独自研修がほとんど行われていなかったりと、不十分な環境にある図書館が少なくない。しかし、自己研鑽ができないわけではなく、自費で全国の研修会場を飛び回っている図書館員もいる。それは正規も非正規も関係ない。要は熱意である。

その熱意を評価するのが館長の務めであり、学習風土をつくるのは司書の資格があろうがなかろうが関係ない。館長の管理職としての手腕である。

塩尻市立図書館では、資格のない状態で採用した臨時職員で、雇用期間中に司書資格を取得した者が何人もいる。資格取得後に臨時職員から嘱託になった者も多い。司書だけではなく、読書アドバイザーの資格取得、絵本専門士の資格取得、大学院修士課程（専攻は図書館情報学）への進学、日本図書館協会児童図書館員養成講座修了等、私が着任以降、退職後の現在に至るまで、非正規職員が積極的に学習を積んでいる。私が培った風土であると自慢するものではないが、学習風土の構築は私が標榜をしたことの一つ。図書館情報学や出版関係の本や雑誌は積極的に目を通すように、と進軍ラッパのように吹いていた。その萌芽は着実に育っている。

ちなみに、拙著『だから図書館めぐりはやめられない』と『図書館はラビリンス』のカバーのイラストは、塩尻市立図書館の元部下に描いてもらった。名前を出すことは控えたい、との

本人の希望により匿名表示となったのが今もって残念であるが、番外の仕事として、部下の特技を引き出せたいい思い出となった。

図書館はどんな優れた館長が就いても一人では何もできない。館長の指揮のもと、ボランティアさんも含めスタッフが一丸となって取り組むサービスである。

今も、数人の塩尻の市民から季節の便りが届く。図書館が愛され、市民の誇りとなっていることが綴られていると、塩尻に飛んで行きたくなる。

塩尻の五年間、ひたすら部下に言い続けてきたこと。それは、図書館は出版文化を守る砦である、ということである。強引にやることもできなくはなかったが、学びを前提にした改革でなければ、改革は絵に描いた餅で終わる。多少、時間がかかっても、部下が納得をし、さらにその判断力が醸成された上で、図書館は変化していくことが肝要である。館長が強引に変化を部下に求めても、その指示に従うだけでは、部下の表情に自信を見て取ることはできない。

一例を挙げれば、現在、塩尻は出版業界紙『新文化』を収集している長野県で唯一の所蔵館である。また、出版関係の逐次刊行物である『出版ニュース』と『出版月報』の二誌を収集しているのも塩尻だけ。私は新図書館開館に合わせ、『出版月報』の収集を検討するよう指示した。しかし、それ以上はあえて言わなかった。私が退職後、スタッフの判断で、こうして専門紙・誌を揃えるような判断力を身に付けたことが何よりも嬉しく誇りなのである。

一般社団法人出版梓会（専門書出版を中心とする会員社で組織）が塩尻市立図書館を訪ねた際、『新文化』があることに会員の一人が気づき、歓声をあげた、と同行した知人から聞いたことがある。些末なことであるが、快哉を叫ぶほど嬉しいニュースだった。

●コラム●図書館員は、やっぱりヘンかも⑥

図書館員と専攻

正確に把握する術はないが、図書館員の大半は文系出身である。私の知人で、しかも知り得る範囲では理系は一割にも満たない。

図書館情報学で情報処理系を主に学んだ人は理系か文系か悩むところであるが、いわゆる工学部、理学部出身者という知人は僅かしかいない。このことが原因かどうかはわからないが、公共図書館は物理や化学の本が不十分との声は仄聞するところである。理系・文系の違い同様に、男性・女性の興味・思考の観点で書架を見ると、残念ながら圧倒的に男性の趣味の本は、その流通量と比してバランスを欠いていると言わざるをえない。

ミニタリー、プラモデル、バイク、電子工作、オーディオ等、コレクションがしっかりしている図書館はあまり見たことがない。料理本もいいが、少しはこちらに予算を回してほしいものである。

書架の配置と排架方法

新図書館の最大の懸案は、書架の配置と排架方法であった。図書館の開架書架は一階と二階。書架を配置できる床面は複雑な構造で、レイアウトは極めて難しいものであった。資料の収集は開館に合わせて順調に進んでいた。私が二次区分・三次区分と細かに購入目標冊数を表にまとめ、それに応じて各分類担当がしっかりと新館開館に合わせて資料を収集してくれていた。叢書系は、全点購入と選定購入に分け、特に松本市との積極的な差別化を図った。貸出しがあるか否かではく、出版文化の視点を重んじ、塩尻の図書館として収集することで、広域圏の利用者の獲得も狙いとした。

結果として、新館が開館して数年は、新規登録者の約三五％を他市町村在住者が占めるということになった。もちろん、市内在住者の新規登録者も大幅に増えた。新規登録者が増えれば自ずと貸出冊数は増えるわけで、リピーターをターゲットにしがちな選書から、未利用者を想定した選書にすること。加えて、貸出しの優等生と考えがちなベストセラー本の購入を控えるという従前と真逆の選書方針が間違っていなかったことが資料の利用状況の分析から明らかになった。

そして、松本との積極的な差別化による資料収集の結果、相互貸借の貸出が飛躍的に増えたのである（詳しくは、拙著『ちょっとマニアックな図書館コレクション談義』（大学教育出版、二〇一五年）参照）。

本は貸出すのではなく、利用者さんに届けるものである。換言すれば、多種多様なコレクションこそ、利用者さんの選択幅を広げ、新しい本との出会いの機会を提供することとなるのである。

そこで、「届ける」ことに腐心したのが排架方法であった。

基本としたのはランガナタンの図書館学の五法則である。なかでも「図書館利用者の時間を節約せよ」の考えである。新館は広い。この広い図書館で、利用者さんは求める資料に行きつけるのだろうか。いや、それ以前に資料の有無がわかるだろうか。答は簡単、「わかるはずがない」である。

わからなくしているのは何か。それは日本十進分類法に依拠した排架であり、図書館が決めた資料の種別にある。

そこで、前者は日本十進分類法を基本にしつつも、関連性のあるものは、請求番号に拘らずに別置シールを貼付し、一つのカテゴリーとする排架である。決して珍しいものではなく、全国の図書館めぐりで学習した「いいとこどり」である。

具体的には、

・『ケータイ・ビジネス（〇〇七・三五）』、『小さな会社のつくり方（三三五・二）』、『六〇歳からのチャレンジ起業（三三五）』を「企業」として、しごと情報コーナーに別置
・請求番号四八七「脊椎動物」の近くに、六六〇「水産業」を配架し、「魚」に関する資料棚をつくる
・『観光コースでない台湾（二九二・二）』、『旅の指さし会話帳　台湾（八〇一・七八）』『街道をゆく　四〇（九一五）』に「台湾」と別置シールを貼付し混配。

こうすることで、利用者さんが目的とする資料に少しでもアクセスしやすくした。図書館員にすれば作業がひと手間増えるが、使うのは利用者さんである。どちらを優先すべきかは考えるまでもない。

後者は、視聴覚資料、参考図書といった図書館が決めた資料種別がかえって、利用者さんと資料の遭遇を妨げているのではないかということ。これは私の鹿嶋市での経験から実証済みで、明らかに妨げていると感じていた。ならば、視聴覚資料も参考図書も別置しないで、混配することとした。

そして、一般書の〇門から九門の流れを規則正しくせず、類似性のある分類を近づけゾーニングする書架構成とした。開館予定の二〇一〇年（平成二二）の正月明けに決めよう、と司書

のKさんと嘱託のKさんに年末年始の休みの期間の宿題としてお願いした。もちろん、私自身にとっても大きな宿題だった。この年の年末年始は、このことで頭がいっぱいだった。排架予定冊数とも絡む最も重要な決定事項であったからである。

旧館から新館への移転作業に関する苦労話はたくさんあるが、書きとどめることを控えなければならない諸問題もあり本著では触れないこととする。

一つだけ記録として残しておきたいのは、旧館で使用していた木製書架の処分方法である。備品廃棄の処理後は、市民や公共施設へともらわれていった。可能な限りで、書架としての延命に努めたつもりである。スタッフのNさんが尽力してくれたことを特記しておく。

平成二二年七月二九日、新図書館オープン

こうして、二〇一〇年（平成二二）七月二九日に新図書館は市民交流センターの中核施設として開館した。塩尻に着任して、約三年四か月が経っていた。

道路を挟んで営業していたイトーヨーカドー塩尻店が二〇一〇年（平成二二）二月二一日に閉店するという想定外の事態も、イトーヨーカドーが所有する土地建物を塩尻市が購入し商業施設として再生するということで乗り切った。しかし、市民交流センター内のテナントが全て

埋まったわけではなく、計画から開館に至る地域経済の変化の影響は避けては通れなかった。

市民交流センターは年間四〇万人、図書館は二〇万人の来館者を見込んで開館した。先述したような周辺環境の変化はあったもの、結果として市民交流センター全体としては一・五倍の年間六〇万人、うち図書館は二倍の四〇万人余と、当初の予測を多く上回る来館者を得る施設に成長した。人口六万七〇〇〇人のまちで一日一六〇〇人余が来館する施設となったのである。

新図書館の貸出冊数は旧図書館の約二倍、図書館と併設してつくった子育て支援センターは二・七倍、その二割が市外からの利用者となった。

図書館の貸出冊数を総数ではなく、「市民一人当たりの貸出冊数（本館・分館合計）」で、その変遷をみると下表のとおりである。ちなみに、市民一人あたりの貸出冊数が一〇冊を超える自治体は全国でもわずかである。

また、市民交流センター（えんぱーく）開館後の変化として、毎年九月と二月に実施している歩行者通行量の調査では、市民交流センターがオープンする前の二〇〇九年（平成二一）九月の調査と比較し、二〇一〇年（平成二二）では四五％増、二〇一一年（平成

年　度	冊　数
平成21年度	6.5
22年度	8.3
23年度	9.8
24年度	10.1
25年度	9.7
26年度	9.7

＊21年度は旧館時代の実績
＊22年度は新館開館移転作業期間としての本館の休館期間がある。ただし、分館は開館していた。
＊23年度以降、通年の開館となる。20年ぶりに県内19市中1位に

塩尻市立図書館外観

二三）では七四％増となった。

えんぱーく利用者と商業施設（ウイングロード）利用者の多くが駐車する市営立体駐車場の利用状況は、イトーヨーカドー撤退前の二〇〇九年（平成二一）八月から一〇月の三か月間で、月平均三万九八〇〇台の利用に対し、二三年の同時期では、平均四万一五〇〇台で四・三％の増。ウイングロードのテナントの売上は、各テナント間でばらつきがあるものの、目標額に対してほぼ達成されていると、「えんぱーく来館者一〇〇万人の経済効果」についての質問（二〇一二年（平成二四）三月定例議会）に対して、市の答弁があった。

この市民交流センターの来館者数であるが、二〇一〇年度（平成二二）の四一万人（実質八ヶ月）に始まり、二〇一一年度（平成二三）は五九万人、二〇一二年度（平成二四）以降は六〇万人台で堅調に推移している。開館一年で一〇〇万人、二年二か月で二〇〇万人達成と、全国にその活況さが知られるのが山梨県立図書館。甲府市の約三分の一強の人口に過ぎない塩尻市で、開館一年八か月で一〇〇万人を達成したのが市民交流センターである。単純な比較はできないまでも、全国屈指の利用率であることはおわかりいただけると思う。

また、中心市街地活性化に関する法律に基づき、二〇〇八年（平成二〇）一一月一一日付けで認定された「塩尻市中心市街地活性化基本計画」の目標及び目標指標をみると、次のように報告されている。

一、中心市街地のにぎわいの促進
　目標指標：歩行者・自転車通行量
　四九二六人（二〇〇八年度（平成二〇））⇒ 五五六〇人（二〇一三年度（平成二五））

二、街なか居住の推進
　目標指標：商業エリアの人口密度
　三四二四人（二〇〇八年度（平成二〇））⇒ 四二四〇人（二〇一三年度（平成二五））

三、新たな産業や文化の創出
　目標指標：事業所数

六五七事業所（二〇〇八年度（平成二〇））⇒ 六五七事業所（二〇一三年度（平成二五））

ちなみに、知的資源イシニアティブが選ぶライブラリー・オブ・ザ・イヤー二〇一五の優秀賞に「塩尻市立図書館／えんぱーく」が選ばれた。

選定理由として、「人口六万六〇〇〇名の町でありながら、開館五年で累計来場者三〇〇万名を達成していることは、地方の小都市においては異例の成果であり評価できる。単なる図書館単独施設ではなく、一体的な組織運営も含め塩尻を中心とした周辺地域の市民交流機能をあわせ持っていることは、これからの時代の地方都市における文化施設のあり方を端的に示している。」とある。

大賞の選考は、多治見市図書館と塩尻市立図書館が同票となり、審査委員長の採決の結果、多治見市図書館が大賞となったが、ここまで成長したことは、新館の初代館長として望外の喜びである。

図書館は誰のものか

塩尻で私が心掛けたことは、図書館を市民のものにすることであった。市民交流センターは基本方針に「協働による運営」を掲げ、将来的には公設市民営型の管理運営を目指すとされていたからである。

図書館は管理運営規則といった例規により図書館利用者の制限をしている。ちなみに、鹿嶋市の管理運営規則はこのように規定されている。

（利用の不承認）

第二五条　館長は，次の各号の一に該当すると認められるときは，図書館施設及び設備の利用の承認をしないものとする。

（一）　営利を目的とするとき。

（二）　特定の政党又は宗派の宣伝に利用されると認められるとき。

（三）　その他管理上不適当と認められるとき。

上記の規定で、（一）と（二）はわかる。しかし、（三）の「その他管理上不適当と認められるとき」の解釈が非常にやっかいなのである。実際に、私が図書館に異動になって早々に、図書館の会議室を使わせてほしい、と地区の団体から申請があった。先輩職員に聞くと「地区の総会行事は図書館の会議室利用にそぐわない」との答えであった。その時は、たいして深くも考えずに断ったが、その後、この規則を読み、あまりにも曖昧な規定に疑問を覚えた。

図書館はだれのものなのか、それはこうして規則で定められ、その時々の図書館員（基本的には館長）のさじ加減で利用の可否が決定されるものなのか。この規則の制定に市民は関わったのか。多分、まず関わることはないと思う。これは図書館に限ったことではない。公共施設全般に言えることである。もちろん、一定の秩序は必要であり、利用者の安心・安全の確保は不可避の条件である。しかし、図書館に関して言えば、「図書館関係団体」「読書活動推進団体」等の名称で、利用者を制限していることが多いのではないだろうか。社会教育施設として積極的に市民の利用を受け入れるべきと私は考える。

仮に、やたらと制限の多い公共施設が、将来は「市民営」の方向で検討したいといっても、前提として利用者が使っていなければ本末転倒。市民営ともなれば、余計に市民の利用を制限するわけにはいかない。このこともあって、図書館は貸出冊数を伸ばすこと以上に、未利用者の開拓を第一に挙げたのである。

未利用者の開拓は、「利用者の来館をひたすら待つ」だけではできない。「利用者のもとに出向くこと」「市民の興味・関心を引き出すこと」、そして「市民活動を評価すること」等、カウンター越しではできない会話が必要である。

私は飲食費の大半は塩尻市内で消費した。単身赴任中の五年間で、図書館の飲み会で数回、松本市内で飲んだことがあるが、個人的に松本市内で飲んだのは同僚に誘われた一回だけ。塩尻に比べ賑やかで魅力的な松本であるが、ひたすら、塩尻という「まち」に顔を出すことに努めた。そして、そこから交流が生まれ、一人でも多くの人に図書館に足を運んでくれるよう宣伝するのである。これ以上の広報はない、と思う。

塩尻で何が生まれ、何を紡いだか、その一端を『松本平タウン情報』（二〇一五年（平成二七）一二月一日号）に寄稿した連載コラム「本のたのしみ」から読み取っていただくと幸甚である。

本とラジオが繋がる世界

一一月一八日、奈良井宿の食事処「かなめや」を久しぶりに訪ねた。目的は私がパーソナリティを務めるFMラジオ番組の公開収録であった。

番組とはFMかしまの「Dr.ルイスの〝本〟のひととき」という図書館と本の世界を語る定期番組。コミュニティFMといっても、インターネットでどこでも聴くことができる。放送が始まって一〇月末で丸三年を迎えた。毎週、全国の図書館関係者をゲストに迎え、出演者は延べ一六〇人を超えた。長野県からは塩尻市、松川村、東御市の図書館員等一〇人以上の方に出演していただいている。

この番組の三周年を記念し、宮田伸子さん（塩尻市）から、塩尻市内で公開収録をしてもらえないか、との打診があり実現したものである。

場所的に観覧者は三〇人が限界。そのうち、大阪、東京、神奈川、埼玉と県外から来た方が三分の一近くを占めた。

収録は二回分。一本は全国に三七人しかいない絵本専門士で塩尻市在住の松本美幸さんと鎌倉美枝さんがゲスト。もう一本は中島書店（塩尻市）の中島康吉さんにご出演いただいた。

塩尻での公開収録

前日の夜は、県外から前泊で来ている図書館関係者と、塩尻の図書館員のみならず、塩尻市民も交えた交流会を宮田さんが企画。拙著『塩尻の新図書館を創った人たち』に紹介した市民の方々との邂逅に感動した、との感想を多くの図書館員がフェイスブックに投稿していた。

今や全国から視察が絶えないという塩尻の図書館。その礎となっているのはほかでもない。図書館を支持・支援してくれている市民である。塩尻の図書館が誇る最大の宝物である。

第4章

フリーランスとなって

講演依頼の顚末

平成二四年三月三一日をもって塩尻市役所を退職。退職辞令交付式後の市長と退職者との食事会は辞退し、直ぐにアパートの引越し荷物の整理をし、その日のうちに鹿嶋市に帰ってきた。あっけなく終わった塩尻最後の日だった。

五年を残し退職という決断は、勧奨退職手続きをする時点での決断であったので、塩尻に着任して四年目の終わり頃ということになる。招聘話の当初に示された諸条件を考え、外様館長としての引き際として選んだのが丸五年という節目だった。退職願いを出した直後に体調が急変し、よもやの長期入院。ストレスが少なからず引き起こした疾病、との医師の診断に、猪突猛進の四年を反省せざるを得なかった。

二〇一一年（平成二三）に急遽浮上した「信州しおじり 本の寺子屋」構想は、私の理想とした図書館づくりの一つの形であったので、正直言って、少なくとも一年は関わりたかったが、すでに勧奨退職願いを出した後に出てきた話だったので、後任に全て託さざるを得なかった。

治療の副作用とはいえ、一〇〇メートルも続けて歩くことができず、階段は五段上ると息切れがして跪く有様だった。ところが、鹿嶋に戻り一か月もしないうちに、入院前の状態とはいかないまでも、五キロのウォーキングができるようになった。身体は恐ろしいくらい正直である。

四月からの「定職」は松本大学松商短期大学の非常勤講師のみ。しかも、春季に一科目、秋季に一科目であるから、収入は市役所時代の一か月分にも満たない。所得税も住民税も前年所得に応じて課税されるので、ほとんど無収入状態なのに出ていくお金は半端なく多かった。

松本大学の非常勤講師の仕事は、もともとは塩尻市立図書館長時代にオファーがあった。塩尻市の行政全般と図書館のPRになればと思い、報酬は一切受け取らない、講義時間は夕刻の六限目（一八時半から）とする、講義日は図書館の休館日に当たる水曜日とする。この三条件を逆に私から大学に提示し、勤務日・勤務時間内には行なわないとしたものの、好ましいことではない、と人事課から許可が下りず断念せざるを得なかった。

次年度も同様のオファーがあった。新館開館後ならば、との条件付きで人事課の許可が下りたが、先述したように体調を崩し入院したことにより、私から大学に辞退を告げることとなった。

二度も大学に迷惑をかけたので、もうオファーはないものと諦めていたところ再度依頼があり、フリーランス一年目の名刺の肩書は、松本大学松商短期大学部非常勤講師となった。

フリーランスとなって先ず取りかからなければならなかったのが、『だから図書館めぐりはやめられない』の校正だった。

当初は、塩尻市役所の内示日（私の退職が公表される日）に発行する予定で進めてきたが、当初、序文をお願いした方との齟齬があり、発行が遅れることになってしまった。このことで、退職辞令交付式で五年間のお礼を込めて市長を始め理事者に拙著を謹呈する密かな計画は潰えてしまった。

初めて上梓する本、しかも自費出版ではなく、一定部数を著者が買い取る協力（共同）出版でもない。実売部数に応じて印税を受け取る企画出版である。

そもそもの始まりは、ある方から、塩尻の図書館づくりの軌跡を一冊の本として残すことの命を受けていたことに依る。図書館づくりを時系列に書いた本はこれまでも多数刊行されている。しかし、斯界では「市民のための図書館」などと言いながら、実際に市民の読める（読みやすい）図書館本は皆無に近い。利用者に向けるのか、図書館員に向けるのか。私は塩尻への感謝も込めて、図書館関係者以外でも読めるような、卑近な話を織り交ぜた図書館エッセイとする企画書を頭の中で描いてみた。

早速、図書館関係の本を出しているいくつかの出版社に電話で売り込むものの、どこも門前払い。冷静に考えれば、そもそもいきなり電話して事が進むような簡単な話ではない。言うまでもない、私自身が斯界で全くの無名な一図書館員なのである。

その日のうちに一度は諦めたものの、最後に一か八か大好きな本である『オールドハイウェイ ルート六六の旅』を出している長野市のほおずき書籍に電話をしてみた。図書館本は出したことはないが、著者である私が塩尻に住んでいるということで、郷土系出版社としての閃きがあったのか、塩尻まで営業の方が会いに来てくれることになった。その後の経過は拙著『だから図書館めぐりはやめられない』を読んでいただきたいが、それからはトントン拍子で事は進み、六月一五日（奥付）に初著の販売となった。決め手となったのは、私が塩尻市立図書館長に着任早々に会員となった地元の文芸同人誌『文芸しおじり』に掲載された拙稿であった。これ

がなければ「いったい何者?」で終わっていたと思う。

六月に本が出て、アマゾンなどのネット書店で拙著の書影を見られるようになると、鹿嶋市役所の数人の同僚が声をかけてくれた。しかし、ほおずき書籍が大手取次会社との契約関係にない出版社のため、地元の書店の反応は冷ややかだった。拙著が市内や近隣の書店に平積みされたわけではない。いや、一冊の棚差しもない。入荷がないということである。唯一、鹿嶋市のO書店が、レジの近くに平積みしてくれただけである。

全国に店舗展開する書店に行き、郷土資料として販促PRしている郷土系新聞社の本と同様に扱ってほしいと頼んだものの、全く相手にされなかった。

販売が始まり一か月ほど経った頃、塩尻市立図書館から電話があった。「講師派遣会社から、内野さんの連絡先を教えてほしい、と電話がありました。講師依頼の件のようです。お教えしても大丈夫ですか」と。

暇を持て余していたので、二つ返事で答えると、数日後、その会社から電話があった。若い男性の声で、やたら横文字が長い会社名が告げられた（会社名は失念）。内容は、某自治体から私の本を読んで感動され、どうしても○○研究集会の基調講演を依頼したい、というものであった。本を出すとこのような話が舞い込んでくるのか、と内心ワクワクして聞いていた。しかも講演会場は九州。未踏の地であった（当時）。

「ところで、先生はおいくらで、お引き受けいただけますでしょうか」と、直球の質問がいきなり来た。私が公務員だったなら、絶対にありえない聞き方である。なぜならば、公務員は「公務」として講演をする場合は謝礼を受けとれない。何らかの事情があって受け取るとる場合は、首長の許可をもらわなければならないからである（役所により若干の違いはある）。

「いくらというより、予算の範囲で結構です」と答えると、

「それは困ります。おいくらなのかお示しいただかないと」と譲らない。

よくよく考えれば、講師派遣会社が介在してきたということは、会社の総務的な必要経費を利益分とした受託料を依頼者に提示するわけである。すでに依頼先から○万円が上限と言われているのかもしれない。

そこで、いやらしい発想が急浮上し、暇なのに忙しいふりをしてしまったのである。本当に今もってどうしてか、自分でもよくわからない。突然の話に舞い上がってしまった、ということだろうか。

一端、謝金のことは脇に置いて、「日程が合えばいいのですがねぇ」と一言。

「お忙しいのは重々承知しております。そこを何とかお考えいただけませんか」と、相手はひたすら低姿勢。

調子に乗って、ありもしない予定を口にしてしまい、まずは日程も謝金も要調整となった。

数日後、電話があった。

「日程の調整がつきませんでしたので、今回は諦めさせていただきます」と。

予想していなかった展開だった。見栄をはったのが裏目に出て、大きな仕事を棒に振ってしまったのである。

これには後日談がある。何とこの集会の基調講演を直木賞受賞作家が務めたのである。もしかしたら、今まで経験したことのないような講演料が計上されていたのかもしれない。返す返す大きな機会を逃してしまったものである。この一件で、私の講師料は、寿司ネクでいう「時価」と業界内で評価されたか否かはわからないが、その後、二度と講師派遣会社からの依頼はない。

本を上梓するということは、人前で裸になるようなものである。言われのない中傷や嫉妬も受ける。本を出したことで軋轢を生じることとなった人間関係に悩んでいた時、友人の言葉に救われた。

「本を出した結果、対峙する人が生まれても、それ以上に熱烈な支持者が生まれるものよ。しかも誰かを傷つけることを目的に上梓した訳ではない。内野さんの本から元気や勇気をもらったって声が沢山届いているわけだから臆することではない」と。

この言葉に救われた。そして、拙著が奇跡的な出会いをもたらしてくれた。

拙著が紡ぐ縁

全く知らない人から手紙が届く。拙著を上梓してから珍しい日常ではなくなった。大学、出版社、元の職場である市役所等に私の住所を照会し、私が了解したうえで送られてくるものもあるが、そういった事前の確認がなく、いきなり届くことも少なくない。

その多くは、封書での手紙か葉書。二〇一三年六月に届いた封書はやや違っていた。定形外の封筒は手紙以外の何かが入っているような膨みを帯びていた。送り主は広島県府中市の女性。番地までしっかり書いてある。もしも、送り主の住所も氏名も書いてなければ、受け取り拒否とし郵便局に返すところであった。

正体不明の封筒の厚みは開封するに逡巡した。しかし、封筒に書かれた文字や名前から（偽名でないと信じて）、怪しいものではないだろうと判断し開封した。入っていたのは、いかにも女性らしい美しい文字で書かれた四枚の便箋とミニアルバムだった。

写真に写っているのは三〇年前の私。しかも背景はヨーロッパ。パリ、ローマ、アテネ。シトロエンCXやプジョー五〇五等が写っているシャンゼリゼ通りの写真もあった。そして女性（手紙の送り主）とのツーショット。二八歳の時に市役所の友人たちと参加した欧州ツアーのものだった。

四枚の便箋のうち三枚は二〇一三年（平成二五）六月九日の日付。一枚は一九八四年（昭和五九）九月一八日と記されていた。

どういうことかというと、一九八三年（昭和五八）の暮れから五九年の新年にかけて参加した欧州ツアーの後、九か月ほど経ってから私宛に手紙を書いたものの、出しそびれてしまっていたとのこと。

「あれから三〇年」。図書館で偶然、拙著『図書館はラビリンス』（樹村房、二〇一二年）に目が留まった。なぜならば、著者名が見覚えのある名前。奥付の著者略歴を見ると、鹿島町役場から始まる職歴。ページをめくれば欧州ツアーについて書いてあった。間違いないと確信し、当時出しそびれていたままの手紙のことを思い出し、近況と当時出さないままだった手紙を送ってきてくれたのである。一九八四年（昭和五九）の日付の手紙は、当時の我が家のことがしっかりと書いてあるので、きっと褪色した便箋の文字を、新しい便箋に書き写したものと思われた。

信じがたいのは、まず私の住所を送り主の女性が覚えていてくれたこと。そして、書架で棚差しになっている厚さ一センチ余の拙著を見つけたことである。かりに拙著との奇跡の出会いの場所が、彼女の住む地元の公共図書館だったとしたら、この図書館での拙著の分類番号は九一四。エッセイに分類されている。著名な作家の名前がひしめく棚。この棚で拙著を偶然見つけるというのは奇跡である。ちなみに、この女性と私のツーショットはご主人が撮ったとのこと。夫婦で参加したヨーロッパツアーで、たまたま、私と一緒にいた時の写真である。想像たくましく読まれていた読者の方は、よからぬ想像はここで終わりである。

一九八四年（昭和五九）の日付の手紙にはこう締めくくってあった。

「一緒に写っているのが内野さんの素適な彼女でなくて申し訳ありませんが、想い出の一つに加えてくだされば、うれしく思います」

まさに時空を超えた手紙だった。

しかし、どうして私の住所を知っているのか。ツアー中にありがちな、「日本に帰ったら手紙を書きますので、住所を教えてください」的なノリで交換し合ったのか。それは謎のまま。もちろん、直ぐに礼状を書いた。その後、手紙のやり取りは途絶えているが、拙著が引き寄せた奇跡であった。

また、新たな出会いも導いてもくれる。それはラジオ番組出演だった。しかも、一回だけの放送で終わらない。この特別番組が恒久的にアーカイブスとして誰もが聴ける作品として認められるという凄い展開になったのである。

横浜にある放送ライブラリーをご存知だろうか。放送ライブラリーとは、放送法に基づく我が国唯一の放送番組専門のアーカイブス施設。神奈川県横浜市中区の横浜情報文化センター（情文センター）内にあり、過去のテレビ・ラジオ番組、CMなど約三万本が無料で公開されている。

三万本という数字に驚かれるかもしれないが、日々オンエアされる過去の全てのテレビ・ラジオの番組、CMを数えたら、これはほんの一部でしかないことはすぐにわかると思う。

ちなみに、私の青春時代の大スターである「土居まさる」で検索すると、ヒットしたのはたった二作品。あの優麗な語り口が忘れられない城達也の「ジェットストリーム」ですら、一九七三年七月二日の一作品のみ。これだけでも、おいそれと保存の対象作には選ばれないようである。もちろんといっていいのか、残念ながらと言うべきか、私がパーソナリティを務めるラジオ番組「Dr.ルイスの〝本〟のひととき」は保存されていない。

この放送ライブラリーに、私がゲスト出演し、山梨放送で二〇一二年一二月二日にオンエアされた「ＹＢＳラジオスペシャル　図書館に行こう！」という番組がアーカイブされているのである。

ホームページのデータとしては、「出演者」の項目に塩沢未佳子さん（アナウンサー）の名前があり、「概要」に私の名前と喋った内容が載っている。

そもそも、なぜ私がこの番組に出たのかと言えば、山梨放送のディレクターのＩさんが、図書館で拙著に出会ったことがきっかけである。著者と連絡が取りたい、と出版社経由で連絡があり、図書館サービス全般について、歴史や現状について語ってほしい、との依頼であった。

企画は、新しい山梨県立図書館が二〇一二年一一月一一日に開館したことを祝しての図書館特別番組。こんな記念すべき番組に、山梨県とは縁のない私がゲストとして招かれることは光栄至極と快諾。収録は一一月二二日、甲府駅前のYBSのスタジオで行われた。

この番組はその後二回も再放送された。このこと自体も珍しいことかもしれない。そして、最初の放送から一年余経った頃、放送ライブラリーへの登録の話があった。私以上に喜ばれたのは当番組のディレクターであろう。企画の意図、編集内容等、後世に残すべきとの作品との評価を得られたのである。私としても、こうした優れた企画に関われたことは望外の喜びだった。

そもそも、こうした記念すべき仕事に関われたのも拙著のおかげである。というか、拙著を蔵書として選んでくれた図書館員が紡いでくれたものである。

本を上梓するということ

本を出すと、誰もが気になるのが印税。執筆を生業にし、ヒット作をコンスタントに出す作家でもなければ印税で生活するというのは無理な話である。しかも、特定の分野の人を読者に想定した私の本や、大学教員の出す専門書のようなものとなると、初版は一〇〇〇～一五〇〇部程度。仮に初版が一〇〇〇部、価格が一五〇〇円として、印刷した部数が完売したとしても、五％の印税なら七万五〇〇〇円。一〇％でも一五万〇〇〇〇円にしかならない。大衆が読む小説のような本の場合は、実売部数ではなく印刷部数が印税となる場合が多いらしいが、大衆系でないものは実売部数が印税の対象部数となるようである。

学会誌等に発表した論文を収録するのであれば別であるが、全編書下ろしとなると、執筆に要する時間（期間）は、自営や勤め人として本業を持ちながら書くとなれば、三か月から半年は呻吟しながらの成果物となると思う。先述したような印税であれば、決して費やした時間の元が取れるものではない。もっとも、それ以前に、企画出版で本が出せること自体、出版不況の現下、容易に叶うものではないことは言うまでもない。

本を出すことはこれだけ難関なのである。しかし、この難関をクリアしても、役所において評価されるかと言えば、そうはならない。逆に著作を持つことを快く思わない組織風土が役所内には根強くある。

企画出版であっても正当な評価は得られない。自費出版や共同出版で、自分の業務に関する著作を出版するとなると、なおさら役所内で奇異な見方がされることは避けられない。図書館を離れた職員が、自分の住むまちの図書館に対して、例え建設的な提言の本であったにせよ、「何様のつもりでいるの」と庁内で揶揄・冷笑されるのがオチである。

学会誌等への投稿とは違い、本は不特定多数の人の目に触れるものである。研究論文は研究者が主なる読者であるが本は違う。読者が読みやすいようにやさしい言葉を選び、言葉を解説し、時に関心を引き寄せる表現を用いなければならない。読まれることを前提に書くのが本である。

一方、研究論文は、仮説を立証し新たな知見を専門家に示すものである。読者におもねる必要はない。しかし、本はある程度、読者を気遣って筆を進める。書きたくないことも、編集者から、○○に触れないと読者は意味がわかならい、と指摘されれば、本意ではない表現を綴ることもある。

役所の一般行政職に対して、微妙に違うのが博物館・美術館の学芸員や、図書館の司書と言われる専門職。とはいえ、「司書」は補職名としての発令。いや、司書という発令のない自治体もあるので、大半の司書の有資格は一般行政職である。

自治体の違いから、数十年も「専門職」として図書館に勤務できる自治体もあるが、司書の有資格者でありながら、図書館に異動して数年経つと、定期異動の時期に戦々恐々となるのが大方の自治体の図書館職員ではなかろうか。

専門職としての自負・矜持を持ちながら、庁内では専門職としての評価がされないのが司書ていきと言えなくもない。二〇〇三年の地方自治法の改正以降、この傾向はますます顕著になっている。この流れを止めようとするならば、司書が自らの仕事に対する熱い思いや知見を、斯界だけではなく外の世界にも示すことが必要だと思う。

私は現職中に著作を出していなかったので、退職後に知ることとなったのであるが、今さらながら反省していることがある。それは現職中に本を出しておけば良かったということである。なぜかと言うと、鹿嶋に戻ってから、塩尻市民の方から次のような声をたくさん聞いたからである。

「こんなに内野さんが面白い人だとは思ってもいなかった」

「内野さんの本を読んで、図書館がさらに好きになった」

「塩尻というまちを一市民として誇りに思った」

「館長さんと酒を飲んで、音楽やプロレスの話をしたかった」

市民から見たら、私は難しい顔をしたステレオタイプの公務員だったようである。どんなに市民に声をかけても、市民と親しくさせていただいても、それは極々一部の人でしかない。本を出すことで、こうした直に交流の機会のなかった人たちと本を介しての関係が現職中にできていたら、どんな展開になっていたことか、と思うのである。

これは単に私個人の問題ではない。塩尻市民が図書館サービスを理解し、そして応援するという関係にも繋がっていくことなのである。

　このことは、考えて見れば塩尻に事務局を置く文芸同人誌の会員となり、拙稿を年四回投稿することで、会員の中に、私の「文章」のファンと名乗る方が現れたことからもわかる。

　しかし、そうは言っても、一兵卒を超えてはならないのが公務員。出せば出したで庁内で火種になったであろうことも十分に考えられる。公務労働は図書館に限らず規制や制限等の業務もあるが、こうした行為も公正・公平な市民生活の向上を目的としたものにほかならない。市民との良好な関係が構築できるのであれば、本という自分の作品を介した市民との付き合い方もあると思うのである。

　こうした反省から上梓したのが『ちょっとマニアックな図書館コレクション談義』（大学教育出版、二〇一五年）である。

　現職の書店員さんが自著で本の世界を語るように、図書館員が選書の楽しさを語ってもおかしくはない。いや、語るべきだ、と思って出版社に企画書を提案したものである。編著者である私の力量不足の感は否めないが、市民が図書館だけではなく、図書館員（執筆者に限らず）という存在にも関心を持ってもらいたかったのである。

講演よもやま話

フリーランスになって一番大きく変わったことは、飛行機に乗る回数が多くなったことである。

「ご活躍ですね」

そう言われるほどの者ではない。

それは空港内でのことだった。目と目が合ったので、歩速を緩めると、

「お客様は年に何回ほど、飛行機はご利用になられますか」と聞いてきた。

声をかけてきたのは、マイルがたまるクレジットカードの勧誘員だった。

「七～八回くらいだと思います」と、とっさに答えた。

その時の反応に驚いた。

「え～っ、すごい！　ご活躍ですね」

はい？　何かしっくりこないものがあった。

勧誘員はマニュアルに則った表現なのだろうが、とても複雑な気持ちになった。

というのも、私は役所では出張の少ない部署ばかり渡り歩いてきた。そのため、仕事で飛行

機に乗ったのは、鹿嶋市役所に在籍した二八年間で国内が一往復、海外が一往復の計四回。塩尻市役所の五年間では国内一往復の二回。三三年間の市役所勤めで、公務で搭乗した回数はわずか六回しかない。

ちなみに新幹線は、鹿嶋市役所時代に東海道新幹線に乗った一往復のみ。こんなものでしかないのである。

ひねくれて考えると、私の三三年間は「活躍」に値しない訳？　と聞き返したくなった。しかし、冷静に考えると世間はそう見ているかもしれない。私が市役所を辞めてから、現在の仕事を説明するときに、「先月は飛行機で○○市や□□市にも行ってきた」と言おうものなら、鹿嶋のような田舎では反応に感嘆符がつくことがある。

思い返せば、私が市役所時代、一年中、仕事で飛行機や新幹線に乗っている民間会社の友人を、単純に飛行機で移動していることだけで羨望の思いで見ていたのは確かである。

二〇一五年（平成二七）は講演や大学の授業で一三〇日余、家を空けていた。公務員時代も役所にいる間は「家を空けていた」わけだが、勤務地は市内。現在の日常の勤務先は市内ではなく市外であり、半分以上が県外である。

移動手段は四〇〇キロまでならば、天候等の問題がなければクルマを選ぶ。どうしてかと言えば、講演でも授業でも、その日の内容を現地に着くまで、声に出してリハーサルするのに最も適しているからである。私は講演前に当日話す内容の大まかな流れはつくるものの、しっかりとしたシナリオはつくらない。特に講演会は壇上に立ち参加してくれた皆さんの表情を見ながら喋るので、ほとんどアドリブである。いまや講演会の定番のパワーポイントは、終了間際の写真の紹介にのみ使う程度で、二時間でも三時間でも講演はアナログである。私の場合、パワーポイントを使うと、どうしてもそちらの進行に気が取られ、肝心の参加者の表情に目が行かないことに気付いたからである。

講演は喋ることが私の目的ではない。参加者に伝えることが目的なのであるから、気にするのはタイムスケジュールを書きこんだシナリオではなく、参加者の表情でなければならない。パワーポイントを止めたら居眠りする人が少なくなったのは確かである（もっとも、居眠りさせるのは私の話がつまらないからであるが）。

講演を頼まれた場合、できる限り励行していることがある。それは、講演前にその会場のあるまちを見て歩くことである。講演先にクルマで移動するのはこのためもある。市街地や郊外などまちの様子を見なければ、そのまちの図書館の話はできない。電車で行った場合は駅から会場まで五キロ以内ならば必ず会場まで歩く。市街地の状況など見て歩くことで、少しでも市の現状を確認する。単に講演に行くわけではない。図書館を語るということは「そのまちを語る」ことにほかならないからである。たった一～二時間で何がわかるというものではないが、まちを見ないで話すことは私はできない。なぜならば、図書館は市民のための施設。駅から歩いて図書館に行く際は道がわかっていても、図書館への道順を通行人に尋ねたり、コンビニで尋ねたりもする。尋ねた相手から「いい図書館ですよ」等の声が聞けると講演会で話さずにはいられないネタとなる。

講演会は何処もいろんな思い出がある。それは、職員のもてなしであったり、食事であったり、道中のハプニングであったり、と。逆に、職員の接遇の悪さが思い出になっているものもなくはない。毎回がドラマである。

そんななかでも、いまだに記憶に鮮明に残っている講演会がある。図書館員・図書館人のパワーがいかに凄いか、を紹介したい。

南紀白浜空港の改札を出て直ぐに視界に飛び込んできたのは三メートル余のマグロの幟だった。頭と尾の部分をそれぞれ持って、私の到着を心待ちにしていた二人の肩には、白地に黒色で「歓迎　内野安彦先生」と書かれた襷が掛かっていた。

想定していなかったこの演出に、言葉にならないほどの歓喜とともに、一方で、ちょっぴり恥ずかしくもあった。でも、この幟を掲げてくれている二人の方が私よりずっと恥ずかしいはず。なぜなら、一人は国立大学の名誉教授。もう一人は町の教育委員を務められ、現在は図書館協議会委員を務めている方である。いわば二人ともまちの名士。私のような者など並ぶことすら恐れ多い方が、こうして迎えてくれたのである。二〇一五年（平成二七）の春であった。

空港で迎えてくれた二人のうち、一人は一度だけ東京で挨拶を交わしたことのある女性のＩさん。それ以降、フェイスブックの友達にもなっていた。もう一人の男性のＨ先生は、かねがねご自身の講演等の機会に拙著を周囲に薦めてくれている、との情報を入手していたので、拝顔の栄に浴する機会を心待ちにしていた。

こうした要職を務めた二人が、空港で幟を持って迎えてくれるどころか、襷まで掛けて待っていてくれた。これは、生涯忘れることのできない極上の「お・も・て・な・し」だった。

この後、Ｉさんの運転するクルマにＨ先生と同乗。那智勝浦までの長い道中は、挨拶を交わしたばかりにもかかわらず、話題に事欠かない珍道中となった。

この日の目的は、午後六時からの「なちかつ未来塾」での講演。テーマは「図書館はまちのたからもの　～図書館づくりは人の縁～」。会場は那智勝浦町立図書館だった。

入館するや否や耳を疑う事態に遭遇した。館内にドゥービー・ブラザースの「ロング・トレイン・ランニン」が流れているのである。しかも控え目なＢＧＭの音量ではなく、これまた「お・も・て・な・し」の〝ロックな音量〟である。なぜこの楽曲が「お・も・て・な・し」かと言うと、私がパーソナリティを務めるＦＭラジオ番組のオープニング曲なのである。昼は空港で鮪のサプライズ。夜は図書館でロックのサプライズである。

講演会場は図書館の書架が並ぶ狭隘な館内。イレギュラーな会場であるが、立錐の余地もないほど会場は参加者で埋まり、座りきれない図書館員は後方で立ったまま聴いてくれた。もともと私の講演はパワーポイントを使わないライブみたいなもの。当然のこと、ここまで舞台が揃えば、乗りまくりの講演となったことは言うまでもない。

この企画が素晴らしかったのは、私との交渉役を先述した図書館協議会委員のIさんが務められたこと。拙著を読まれた上での熱いオファーが事の始まりだった。そして、町の生涯学習課長のTさんが全面的にバックアップ。ある意味、市民に全権委任する度量に敬服した。加えて、教育長さんの熱意がこれまた半端なく凄い。聞けば、元和歌山県庁の要職を務められた方。乞われて単身で那智勝浦町に就き、出張の際に時間が許せば、あちこちの図書館めぐりをしているというのである。

サプライズはこれで終わらない。講演を終え、図書館を出る際、またまた〝ロックなお別れ〟が待っていた。背中を押すように流れてきたのは、シカゴの「アイム・ア・マン」。こちらは私のラジオ番組のエンディング曲。これほどのホスピタリティのシャワーを浴びるのは初めて。感動のあまり言葉を失う、とはこういうことである。

当然、夜の懇親会も大盛り上がり。昼間、私を空港で迎えたのは巨大なマグロの幟だったが夜は生まれて初めて対面する「生マグロ」の刺身が膳を飾った。

宴が始まり、次々と杯を交わしながら名刺交換。講演中しきりにメモしていた人が町議会議員であったり、やたら頷いていた人が県立図書館職員であったりと、次第に参加者の素性が明らかになり話題も図書館一色になった。

この講演会は、実は大変な困難を乗り越えての開催だった。珍しいことに、和歌山県那智勝浦町と大阪府岸和田市との連携企画であるということ。何が困難かと言えば、私に支払う交通費を両自治体が折半でいこうという計画である。二日連続で私が講演すれば、茨城に帰らずに済むので、往復の交通費は一回で済む。ならば両自治体にとって経費削減になるのでは、と私から提案したことが現実のものとなった。役所といえばイレギュラーなことを極力嫌う組織風土。内部の調整に苦心されたことは容易に想像できた。

どうしてこの二つの自治体が結びついているのかといえば、那智勝浦町のＩさんと、岸和田市立図書館のＦさんの共通の知人がＨ先生だったこと。

そもそも、私と岸和田市立図書館のＦさんとの出会いが「衝撃的」だった。その事件は、Ｆさんが私の講演を聞きに来た大阪市立中央図書館で起きた。講演がひととおり終わり、お決まりの質疑の時間になった。二人からの質問があり、最後の一人として挙手されたのがＦさんだった。静まり返った研修会場が一瞬ざわついたように感じたのは私の錯覚かもしれない。いきなり司会者の許可を得て立ち上がったFさんが「先生のファンです」と発言したのである。これには驚いた。名刺交換の際に「先生のファンです」と言われることは少なくない。しかし、静まり返った研修会場でマイクを通して言われたのは初めてである。その後のFさんの発言が記憶からすっかり飛んでしまっているくらい衝撃的だった。予期しない発言に一瞬、頭が真っ白になってしまった。おかげで、この発言が互いの距離を縮めることとなり、親しい交流が始まった。その結果、時は流れて、岸和田市での講演となったのである。

岸和田での講演会は二部構成。まず、私が「ボーダレスな図書館を」をテーマにした講演を行う。次いで「図書館を便利に使おう～でも、どうやって？」をテーマにしたパネルディスカッションが企画された。コーディネーターは先述のH先生。パネラーは私と、図書館コーディネーターのTさん。このTさんは、岸和田市とは以前の仕事で縁があるとのことで、私が岸和田で講演を行うと知るやいなや、聞きにいきたい、と連絡があった方。そこで、東京から遠路来られるならば、その豊富な経験を喋ってもらおうとなり、急遽二部構成となったものである。

講演会終了後、図書館職員と私を含め三人の講師との交流会が催された。驚くことに二〇数名のスタッフが参加。なかには、面識のない退職されたOB職員まで駆けつけてくれたのである。拙著の読者にとってみれば、本を通じて知り合いになっているも同然。親しげな会話は、初対面でも驚かないが、飲み会にまで来てくれるというのは初めてのことであった。

さて、ストーリーはここで終わるのが一般的だが、まだ終わらない。その後、Iさんは塩尻市立図書館を訪ねられたとのこと。また、「なちかつ未来塾」の当日、会場に来られた県立図書館のMさん、読書ボランティアのYさん、そしてT課長さんまでも、三か月後に行われた尼崎での私の講演会にはるばる駆けつけてくれたのである。

そして、講演から三か月が過ぎた頃、私は塩尻時代に行きつけだったバーに久しぶりに顔を出した。長野県内の講演に行くからと連絡したところ、休みの日にもかかわらず店を開けてくれたのである。慣れ親しんだ常連客が迎えてくれて、懐かしい空気に酔いが深まり始めた頃、クール宅急便の配達員がバーのドアを開けた。店に届いた荷物の送り主は那智勝浦のIさん。今日、ここに私が来ることをフェイスブックの私の投稿で知るに至り、密かに那智勝浦の味覚を届けてくれたのである。

しかも、またまたサプライズがあった。約三週間遅れで、私の誕生日のお祝いがあったのである。このバーの常連である近所の和洋菓子店の店主Oさんが作ってくれたプチケーキが常連客にも振る舞われ、五九歳の「ハッピー・バースデー」の合唱と相成った。まさに「嘘だろ」の展開だった。

先述したように、私は鹿嶋市役所時代、三〇歳代の七年間を人事課で過ごした。新設された研修厚生係の初代係長として、人財育成の在り方を必死に学び実践してきた。職員研修の講師選びは、著作はもとより、実際に講演を聞き、納得した人だけを受講階層や研修内容に応じ講師に迎えた。講師との交渉に始まり、当日の迎え、そしてアフターの付き合い。決して自慢できるものはないが、なかには、講演依頼が縁となって、高名な大学教員の自宅でのパーティに招待されたこともある。

この那智勝浦町と岸和田市の連携企画は、私の実践をはるかに凌駕するものだった。予算がないならば、こういう方法もあるのでは、と荒唐無稽な私の提案を現実のものにした二つの自治体。県を越えての連携も見事だった。

全国の図書館の仲間が集まる宴会はゲームが始まったり、お土産が配られたり、なにかと騒々しい。図書館という世界に生きる人間は、感動することも、感動させることも、本と同じくらい、いや、本以上に好きなようである。

非常勤講師の矜持

常磐大学での春季の最後の授業が終わり、教壇で帰り支度をしていたら、一人の男子学生がつかつかと寄ってきた。履修者数が多いので、名前を憶えているのは半数に満たない。この学生も名前を知らなかった。

「どうしましたか」と尋ねた。

「先生は秋季の授業は何を担当されるのですか」と聞いてきた。

「秋季は、司書教諭の科目だけだから、司書科目は春季で終わりだね」と。

少し間を置いて、

「先生の授業はすごくわかりやすかったので、秋季も先生の授業があれば受けたいな、と思いまして」と。

わずか十数秒のやり取りだったが、四か月間一五コマの授業の疲れが一瞬でスッと癒えた感じがした。

「わかりやすい」「面白い」「感動した」など、毎回、提出を求めるリアクション・ペーパーに書かれた文字に鼓舞される。一喜一憂していたら身体がもたない。しかし、「わかりやすい」との感想は正直嬉しい。学生が見ている・知っている図書館の「現場」はほんのわずか。現場での実体験の話に学生は特に関心を示す。

学生が「面白い」と受け取るのは閑話休題的な小話（なぜか学生はこう呼ぶ）。授業に緩急をつける目的もあり、反応次第で、それをネタに再び図書館の話に繋げていく。

「感動した」は、図書館に関連したことに限定せず、感動の出来事を時折話す。内容によっては「話す」というより「語る」である。

図書館員にとって一般常識のような、例えば、「奥付」「スピン」「平綴じ」といった言葉を入学したての学生はほとんど知らない。図書館の専門用語を知らないというのは当然であるが、大学入学まで毎日のように触れている本に関する基礎的な知識というものを知らないのである。いや、教えられていないのである、と言った表現の方が適当なのだろうか。例えば、奥付という意味を知っているのは二割程度である（あくまで私の知る範囲）。

そのため、「図書館サービス概論」や「図書館制度・経営論」では、一コマ（九〇分）は必ず出版流通の話をするようにしている。リアクション・ペーパーの反応を見る限り、この話が学生に最も関心を持たれるようである。どのように本が生まれ、流れ、そして、どう消えていくのか。この「本」の話は身近なものであるだけに、とにかく楽しかった、という反応が多数を占める。この授業で学んだことを友人に話したら驚かれた、といった感想を後日聞かされることが多い。学んだことを誰かに話したくなる、ということは学習において大切なモチベーションである。

受講生の数にもよるが、授業の冒頭（集中講義は除く）は、前回のリアクション・ペーパーに書かれた質問の回答から始める。なぜこうしているのかというと、ある事柄に関して、他の学生はこういう気づきや疑問を覚えるということを、他者の質問から学んでほしいのである。

また、期末テストは穴埋めや、択一問題といった大学受験のようなテストはやらない。法律の名称や施行年月、斯界の偉人の名前、サービスの名称など、それを正確に覚えることが優れた司書への道ではないと思うからである。

非常勤講師が教えられるのはたった四か月。私ができるのは、優れた司書になろうとする気持ちをこのわずかな期間でどれだけ育てることができるか、だと思っている。

「授業で習ったことを現場（図書館）に行って確認することを励行しなさい」というのは私の常套句。また、「図書館に行って荒探しはするな。施設が古い、照明が暗い、駐車場が狭いといった、図書館員の努力ではどうしようもないことを見つけるのではなく、図書館員の工夫や熱意を図書館の仕掛けから見つけなさい」と。

そして、障害者の立場、高齢者の立場、日本語の読めない外国人の立場さらには、子どもの目線を常に意識して、図書館を見るように、さまざまな事例を紹介しながら、覚えるのではなく、気づく力を育てることを重視している。

市民との距離が近く、かつ法令を遵守することを基本姿勢に市民と対応する役所の多くの部署は法令を遵守することを基本姿勢とする。しかし、図書館は法令の逐条解説書を常に机上に置いて仕事をするものではない。法令はもとより、理念や倫理をもって市民に仕えるサービスである。不断の学びや優しい応対といった図書館員の矜持が市民に評価され、「ありがとう」の言葉になって返ってくるのである。

だから、利用者に対し、どういう言葉掛けが良いのか悪いのか、現場での実例をたくさん示し、ケーススタディを行なう。

最後の期末レポートは、文献の引用で理路整然とした流麗な文章にしないこと。稚拙な文章でいい。自分の言葉で書きなさい、と言う。

賢い図書館員になる前に、まずは優しい図書館員になってほしいのである。

●コラム●図書館員は、やっぱりヘンかも⑦

図書館員とアート

アート好きな知人の女性司書に「年にどのくらい美術館・博物館めぐりをしているの」と聞いたことがある。答は「年間で七〇回くらい、これまでに述べ九〇〇回くらいでしょうか」と。まだ三〇代後半の方である。

フェイスブックを見ていると、アート行脚を楽しむ図書館員は少なくない。図書館員の中には司書と学芸員の両方の資格を持つ者が少なくないからであろうか。もっとも、学芸員資格の有無に関わらず、図書館員は間違いなくアート好きである。

地方に住んでいると入館料よりも移動にかかる旅費の負担が大きい。私も趣味と言えるほどではないが、仕事先でたまたま時間があった時に、気になった企画展に足を運ぶことが多い。

アートと一言で括るには多少の無理があるが、図書館の分類で言えば主に七門の世界。アート行脚も図書館員の学習の一つであることは論を待たない。

ラジオの定期番組のパーソナリティとして

塩尻から鹿嶋に戻って早々に、知人（元鹿嶋市役所の教育部長）がパーソナリティを務めるラジオ番組にゲストとして連続出演した。これがきっかけとなり、二〇一二年一〇月から、ＦＭかしまで自分の定期番組（毎週一回、三〇分）のパーソナリティを務めることとなった。夢想だにしなかったオファーだったが、無報酬ならば、ということで快諾した。ＦＭかしまは鹿嶋市役所の隣にスタジオを構えるコミュニティＦＭである。鹿嶋市役所時代、行政広報で何度もマイクの前に座り、原稿を読んだ経験はある。しかし、公務員時代のような、ぎこちない喋りでは到底パーソナリティは務まらない。最初は一人で喋る番組として考えられていたようであるが、デモテープを聴いたラジオ局が愕然としたのであろう。最終的にラジオ局のアナウンサーとの掛け合いでやることになった。ピンでやっていたら、数か月で降板となっていたことは間違いない。

コミュニティＦＭとは、一九九二年に制度化された放送である。最大出力は基本的に二〇Ｗ。防災・災害情報提供をはじめ、地域の商業、行政情報や独自の地元情報に特化し、地域の活性化を目指すもので、キーワードは「地域密着」。電波として受信できる範囲は狭いものの、ラジオ局の多くはインターネットラジオを通じて全国で聴取が可能であり、使いようによっては極めて優れたメディアである。

全国のコミュニティ放送局は二九八局（二〇一六年二月現在）そのうち日本コミュニティ放送協会会員社数は二二〇社余で、ほとんどが株式会社により経営されている。

ラジオの深夜放送は言うに及ばず、旺文社提供の大学受験ラジオ講座を文化放送一一三四kHzで〝不真面目に〟聴いていた世代。聴かないと大学に入学できないような気がして、テキストは定期購読していたが、しっかり勉強した記憶がない。それでも、あの頃は私の高校の友人はほとんど聴いていたような気がする。なぜならば、この時間帯だけは私の部屋に友人が遊びに来ていた記憶がほとんどないからである。

ブラームス作曲の「大学祝典序曲」はリスナーなら忘れられないであろう。誇るべき受験生時代を送ったのか、青春の蹉跌となったのか、きっと聞こえ方は違うのだろう。私は惨めな黒歴史を思い出す一曲である。

ラジオ番組の中で本名を語るのは恥ずかしいので、「Dr.ルイス」を名乗ることにした。これは、私のブログで数年前から使っていたもので、番組名は「Dr.ルイスの〝本〟のひととき」と自分で決めた。

番組のコンセプトは、図書館と本について喋りまくるもの。少なくとも、私はこういったラジオ番組をいまだかつて聞いた（聴いた）ことがない。番組審議会の審査を経て、遂に二〇一二年一〇月一日、ひっそりと家族も知らぬままパーソナリティ・デビューを果たしたのである。

オープニングのテーマソングは、ビージーズの「ジャイヴ・トーキン」を採用。この曲にかぶさるように、相方の局アナであるミサちゃんの「あなたのお気に入りの本は何ですか」で始まるナレーションが流れ、番組が始まる。当初は図書館にまつわる話に加え、一冊の本の紹介をし、楽曲を一曲流すというパターンであった。

番組は生放送ではなく、収録したものを編集してオンエアするもの。まとめて収録すると話題がタイムリーでなくなるので、ほぼ毎週一回、スタジオに通い番組収録を行う日常となった。

大変なのが本の紹介であった。蔵書ばかりを紹介していると、リスナーにしてみれば偏った本になってしまう。そもそも私はベストセラーを一切読まない。極めて売れ筋ではない、地方の書店にはないような本しか読まない。そのため、自ら好んで読まない本を番組のために購入。紹介に適した本を探しては読むといった日常になったのである。しかも、ビジュアル系の本はラジオでは紹介しにくく、また、購入した本が必ずしも紹介に値するものとは限らない。時間的にも経済的に私を圧迫し始めたので、約一年半で本の紹介は止めた。

音楽は基本的に私の好きな楽曲をわがままに流している。いまどき珍しく、録音時間が八分位までなら、途中でフェードアウトせず、全曲流すことに徹している。レッド・ツェッペリン「天国への階段」が最後まで聴けて最高でした！」との感想をいただいたことがある。こういった長い曲が全部流れるのはトークがメインの番組では少ないと思う。

流す楽曲は、どうしても私の青春ソング集のようなものになってしまう。こちらは本と違って、リスナーへの気遣いは全くない。とはいえ、公共放送であることは意識せざるを得ず、あまりマニアックなものは流さないよう気は使ってはいる。

ジャンルは洋楽と邦楽が半々。ロック、フォーク、歌謡曲、ジャズといろいろである。ただし、スタジオにゲストが来た時だけ、ゲストに選曲してもらうようにしている。若い方だと、私には全くわからない曲が流れるのが常。スピッツの「八八二三（はやぶさ）」、橘いずみの「サルの歌」、イエロー・モンキーの「バラ色の日々」等はそうである。全て初めて聴いた楽曲だった。

番組が始まって半年後、私が勤務していた塩尻市立図書館の元部下の司書のKさんに電話出演してもらったのがきっかけとなり、全国の図書館員、図書館関係者の生の声を届ける企画が急浮上した。私が講演先等で知り合った方に出演交渉し、電話出演していただくコーナーが番組の定番となった。

とは言え、当初は「私の番組に出ていただけませんか」という誘い文句が疑わしく聞こえたのも当然。「追って返事します」と言いながら、音沙汰なし、ということも珍しくはなかった。

相当怪しまれたことと思う。公共図書館の元図書館長がラジオ番組のパーソナリティをしていること自体、眉唾ものに映ったに違いない。

番組が始まって三年半が過ぎた。今では斯界ではちょっとは知られる存在となった。出演交渉の電話口で「声をかけていただき光栄です」と言われるなど、隔世の感がある。

某研修会場で参加者を見渡せば、ラジオ出演者が全体の三分の一の一〇人ほどいたこともある。偶然とはいえ恐ろしくなる割合である。

番組が始まって早々に、塩尻の図書館の元部下数名が、ラジオ番組のファンクラブをつくりたい、と言ってきた。私自身も、元上司がラジオのパーソナィティをやっているなんて全国でも稀なこと。めったにない環境にいることを、ラジオを通じて楽しんではどうか、と言ったことも少しは影響していると思う。

しかし、出てくるのは、あれもこれも大風呂敷の提案。やりたいことではなく、できることを見据えてやらないと続かないとして、提案の度に水を差すことになった。私のネガティブな意見もあって、当初の計画から大幅に遅れてファン倶楽部のホームページが立ち上がった。

ラジオ番組とは言え、前の上司がパーソナリティを務めるのであるから、元館長のファンクラブのようなものではある。そのことで、塩尻の図書館の職員に、やや複雑な空気が生まれてしまったのではないか、と反省している。

もともと、図書館以外の世界の人にアピールするのを苦手とする図書館員。こうした試みは面白い経験になるな、と思った。楽しんでいるようでもあった。しかし、次第に私自身のストレスになってしまい、半年後に解散を願う結果になってしまった。

番組が始まって二年余りが過ぎたころ、関西から突拍子もないニュースが飛び込んできた。「かしまジャック実行推進委員会（以下：かじゃ委員会）」なるものが発足した、と。いかなる委員会かと言えば、私の番組に出演したことのある図書館関係者が、鹿嶋でスタジオ出演を果たすことを目的に参集。しかも私に委員会の公認をしてほしい、と頼んできたのである。ここがいかにも関西人のノリというのであろうか、大真面目な公認申請なのである。晴れて「公認」を得た委員会は、その後、関西の図書館関係者がラジオに出演すると、委員会への入会を促し、どんどん大きくなってきた。しかも、関西に限らず、メンバーには愛知、神奈川、茨城、福島の図書館員まで入会。二〇〇人近くの会員を擁する組織に成長している。

会の発足は、二〇一四年（平成二六）一〇月二七日。目的は、「Dr.ルイスによって繋がったライブラリアン及び関係者がオフタイムにリアルにつながる場として活動する」とある。具体的な活動は次の三つ。

① FMかしま「Dr.ルイスの本のひととき」のスタジオ収録ジャック
② Dr.ルイスの講演会・研修会等への参加協力

③　Dr.ルイスを囲む懇親会・交流会・イベント開催or共催、委員間の情報交換など

さらに、テーマ曲まである。それはジグソーの「スカイ・ハイ」。私がかつてプロレスラーのミル・マスカラスの熱狂的なファンだったことから、選んだとのこと。

メンバーは、大阪・梅田の私設図書館「ビズ・ライブラリー」を会場に定期的に集まりを持ち、不断に図書館の学習をしている。極めて真面目なメンバーである。このコミュニティのつくり方が、いかにも人好きな図書館員ならではのネットワーク。私は勝手に図書館版「ときわ荘」と思っている。こうした優秀な図書館員に支えられていることが、パーソナリティとしての誇りでもある。

「かじゃ委員会」のメンバー
（於：FMかしまのスタジオ）

発足以来、私の講演会で会員の姿を見つけることがしばしばある。関西に限らず、関東にまでやってきてくれたこともある。関西での講演会も企画してくれた。まさに至れり尽くせりの最強の応援団である。このように、ラジオ番組が図書館員の大きな繋がりのきっかけとなったことは望外の喜びである。

二〇一五年（平成二七）八月一〇日の午後、FMかしまのスタジオが騒然となった。兵庫、大阪、京都、愛知、神奈川の公共図書館と大学図書館の職員八人が大挙してスタジオにやってきたのである。そう、かじゃ委員会の面々である。先述したように、電話出演だけでは我慢できず、どうしてもスタジオ出演を果たしたいという八人（来られなかった数人のメンバーも気持ちは同じ）がはるばる鹿嶋までやってきたのである。

収録当日は、温めていたシナリオでオープニングを演じたいとして、「私たちは番組をジャックした」と、まるで映画のような出だしとなった。始まりはガチガチに緊張していた様子のメンバーもいたが、そこは生来の関西人。直ぐに番組を楽しみ始め、うら若き女性会員は、かつての農家の嫁さんよろしく、手拭いをほおかぶりするなど、スタジオは一気に関西ワールドに変わっていった。

収録を終えれば、パーソナリティの私はほとんど出る幕なし。ゲストがまさに番組をジャック。しかも、この時のためにと、普段は三〇分の番組を一時間に拡大。オンエアした三分の一は常にバックに会員の笑い声があった。

スタジオジャックとは、ラジオ局で短期集中的な露出を図ること。やや意味は違うものの、かじゃ委員会は、私の番組宛に以前からたびたび投書を送ってきていた。投書が読まれる可能性が一〇〇%の番組なので、「かじゃ」の活動は全国のヘビーリスナーに徐々に浸透していたものと思う。

そして、次にスタジオにやってきたのは、この関西の図書館員の来茨をもてなすべく、前日の夜の懇親会で合流した東京、神奈川、埼玉、千葉の関東地区の図書館員一四人。こちらは急ごしらえの熱き図書館集団。このメンバーに現地スタッフとして、遠路、福島の南相馬から駆けつけてくれた図書館員が加わり、スタジオの人いきれは最高潮。

こちらも、かじゃ委員会同様に一人を除き全員がラジオの出演者。しかも、唯一の未出演者もすでに出演日程の決まっているメンバー。こちらも一時間の特番。メンバーが多過ぎて、全員が十分には喋れなかったものの、憧れの私の番組の相方に会え、スタジオで収録ができて、かつ鹿島神宮、香取神宮、息栖神社の東国三社を二日間で巡るという目的も達成。「今まで一番楽しい旅だった」との声を何人もの参加者から聞くことができた。

こうして、二回分の放送、しかも特別枠の一時間番組の収録が終わった。今回の関西、中部、関東の図書館員（図書館関係者）を受け入れるに当たり、最も悩んだのは、公共交通機関の未整備な鹿嶋、神栖での移動の「足」の確保。これは大型バスを借り上げるか、普通自動車を数台用意するかしかない。前者はお金がかかるし、後者は協力者が必要。幸い、近くの銚子市、潮来市、鹿嶋市、そして先述した福島県南相馬市からもマイカーを出してくれる援軍が現れた。

ほぼ全員が私のラジオ番組の出演者。かじゃ委員会を迎える有志を口コミで募ったものの、どんどん集まる参加者に、途中からこれ以上広めないで、とブレーキをかけたくらいであった。

当日の朝、私のフェイスブックの投稿に「楽しそうですね、夜からっていうのも手でしたか…。」とのコメントがあった。申し込みは締め切りましたとは書けず、「夜から参加の方もいますよ」と答えると、その言葉に応じ、仕事を終えて、急遽、東京から懇親会に途中から参加した女性司書もいた。なんという行動力であろうか。

全員が図書館関係者なので、単に観光では終わらない。鹿嶋市立図書館、潮来市立図書館の見学という学びも旅程にセット。精力的に学び、食べて飲んで、そして「楽しい～」を連発した二日間。ゲストとホストを含め総勢二六人中、女性が二二人。図書館スタッフの性別分布より女性が勝っているところが素晴らしいところ。これが、私の拙いラジオ番組から自然に生まれたイベントだったことが何よりも嬉しかった。

後日、参加者の一人から、フェイスブックにこんな投稿があった。

「一冊の本との出会いが鹿嶋行きを実現させてくれ、さらにたくさんの人との出会いをくれました。感謝です。」

一冊の本とは、恥ずかしながら拙著のこと。

この二日間、最も幸せだったのは何を隠そうこの私。あらためて図書館との出会いに感謝した二日間だった。

●コラム●図書館員は、やっぱりヘンかも⑧

図書館員と学習

図書館員は本庁の職員に比べて自腹を切って学習する者が多い。私は一年に同じ図書館員と四か所で顔を合わせたことがある。私は講師、相手は受講生である。しかも、会場は、岐阜、愛知、神奈川、東京である。「興味あるテーマを探して研修会を選ぶと、その講師が内野さんなのです。追っかけではありません」とのこと。

この司書以外にも、年に数回、私が講師を務める講演会で顔を見かけた方が数人いる。それほど、私が全国を駆け巡っているわけではないので、その熱心さには頭が下がる。私が近くのまちに寄ったからではない。数百キロ離れたまちに泊まりがけでやってくるのである。

公益社団法人日本図書館協会が認定する認定司書という称号がある。わが国の職能集団としての司書全体の研鑽努力を奨励し、司書職のキャリア形成や社会的認知向上に資することを目的とし平成二二年度に開始され、現在までの認定者は一〇〇人（平成二八年一月現在）。年間に一万人以上の司書資格者が誕生することを考えれば、その数の少なさが想像できると思う。

この制度の立ち上げから関わり、制度開始後の認定司書審査会の委員を第一期から平成二七年度の第六期（第二期と第三期を除く）まで務めている。

こうした制度の存在も、図書館だけでなく、行所全体に周知する努力が必要である。

第5章

図書館員をもっと楽しむために

人との交流を通して図書館のＰＲを

元図書館員で、ラジオのパーソナリティを務めている人は全国に現在何人いるのだろうか。仮にパーソナリティを務めているといっても、私の番組のように図書館の話ばかり喋っている内容というのはそれほどないのではないかと思う。

番組の目玉は全国の図書館員、図書館情報学の教員、出版関係者、図書館ボランティア、司書養成科目を履修する学生等さまざまなゲスト。

これまで出演いただいたゲストは述べ一九〇人余（二〇一六年（平成二八）三月現在）。ゲストを勤務地で見ると四一都道府県。全国制覇まで残り六県となった。ゲストの条件は私が勝手に決めたルールに基づいて、「一度会って話したことのある人」。話をしたといっても、名刺交換時の数秒の会話であっても「一度会ったこと」の条件はクリア。例えわずかな会話でも、その後、フェイスブックでしっかり繋がっていたり、仕事を通じて親交が深まったりと、数秒の邂逅でも深い繋がりになっている人も少なくない。これはSNSの特徴である。講演会場で私がトイレから出てくるのを待って間隙をぬっての挨拶といったケースも数例ある（別に私が忙しいということを強調するものではない）。

ゲストは、館種、地域、性別、その他のバランスを考えながら出演交渉をしていく。また、番組に穴が開かないように、緊急時には絶対出ていただける（と信じている）図書館員を数名確保している。「どうして俺は内野と親しいのに、ゲストに呼ばれないのだろう」と思っている人がいたら（そんな人はいないだろうが）、その時に電話をさせてもらうつもりの「私が一方的に親しい間柄と思い込んでいる友人」もいる。

さて、電話出演が大半とは言っても、スタジオに行きたい、という人は拒まない。もっとも、ラジオ局からは旅費は出ない。自腹を切って鹿嶋まで来ていただくのが条件となる。それでも、長崎、山口、愛知、岐阜、長野、神奈川、埼玉、福島、宮城、鹿児島（某図書館関係の全国大会開催中の宇都宮から鹿嶋へ）と、遠方から足を運んでいただいている。一二九ページに書いたように、このほか、大集団でスタジオ出演しているグループも含めると、相当な数の図書館関係者とマイクを前にして喋っていることになる。珍しいゲストとしては、長野県から二人の市議会議員（当時）をスタジオに迎えたこともある。

　こうした遠来の客人の多くは、東京駅八重洲南口の①番乗り場から高速バスに乗ってやってくる。東京駅を発ち約八〇分後には最初の停留所である茨城県の水郷潮来バスターミナルに到着。バスから降りるや否や、まるで申し合せたかのように、ゲストから「茨城って近いのですね」との異口同音の感想を聞く。それほど、鹿嶋は東京から遠いというイメージがあるらしい。

　しかも、鹿嶋方面行のバスは、短ければ一〇分、長くても二〇分間隔で出ているので、田舎の電車よりははるかに便利。時刻表を気にすることも、ましてや事前予約も必要ない。バスを見送ったと思ったら、次のバスが直ぐに入ってくるのである。この便数にも同様に反応。「これならば東京に、しかも座って通勤できますね」と。当然のこと、一応通勤圏である。東京から鹿嶋市役所に通勤している市職員もいると仄聞する。

　塩尻から鹿嶋に戻って劇的に変わったことの一つが遠来の客が増えたことである。鹿嶋市役所時代の視察者を遥かに凌駕している。どのくらい来るかと言えば年に三〇人～五〇人はやって来る。二〇一五年八月の夏は、たった二日間で二四人を迎えたので、二〇一五年は八〇人を超えた。役所であっても、年間に八〇人を超す視察者を迎える部署はそれほど多くない。旧知の友人ではない。あくまで仕事を通じた来訪者である。「はじめまして」の方が大半である。

塩尻での五年間の単身生活中、正確には把握していないが、年間一五人ほどの来訪客を塩尻駅や図書館等で迎えた。公的な訪問ではなく、あくまでプライベートに訪ねてきた客人である。団体の中に知らない人が混じっていることもあったが、ほぼ全員が知り合いである。多くは、「お久ぶり」「ご無沙汰」で始まる友人や同僚であったが、なかには突然の訪問に「どうしたの？」と第一声を出してしまった想定外の元部下もいた。お土産も渡せず食事もご馳走できないまま、背中を見送ったこともあった。しかも、なかには五〇〇キロ以上も離れた塩尻に電車を乗り継いでのアポなし訪問も数件あった。

ところが、鹿嶋に帰ってきてからは一変。半数以上の来訪者が「はじめまして」となったのである。しかも、全国から次々とやってくる。ラジオのゲスト出演者始め、出版関係者、図書館関係者、友人など、迎えるゲストはさまざま。

なかには、大型バスで市民と一緒に鹿嶋を訪ねてくれた神奈川県内の町立図書館もあった。鹿島神宮にはボランティアガイドがいるが、私がガイド役を買って出て境内を案内した。

東京駅を発つ時刻がわかれば、高速バスとはいえ、多少の交通渋滞が都内であったとしても、到着時刻が二〇分とずれることはない（上りはそうはいかない）。出立時刻を知らせてもらい、水郷潮来バスターミナルで客人を待つ。降車後、直ぐに私のクルマに乗ってもらい、時間が許せば水郷を案内。時間がなければ即ビジネス、と相成る。

そして、図書館員、図書館関係者と言えば、定番は図書館見学。鹿嶋市立図書館と潮来市立図書館にはほとんどの方を案内している。特に潮来市立図書館は休館日が少ないので（館内整理日は月に一回）、ゲストの中には数回案内している人もいる。

自治体職員でなくなっても、地元にお金を落としてもらおうと努めるのは、元公務員の習性。ただし今は、地元の範疇は鹿嶋市ではなく茨城県全域となった。。

爆買いとはいかないまでも、ゲストを迎えての経済面での地域貢献は、鹿嶋、神栖、潮来等の現職の市役所職員に負けてはいないと思う。役所を辞めて四年。まだまだ地域を愛する元公務員である。

嘱託として働く女性の図書館員に言ったことがある。毎日のルーチンワークで満足していてはいけない、と。積極的に外に出て、他館の図書館員と交流した方が仕事は楽しくなる、とも。本当は図書館員よりも他部署の公務員や異業種の方との交流が望ましいのだが、まずは第一歩として身近な図書館から学ぶことは大切なことである。

その後、その人は生まれ変わったように他県の図書館員とも交流し、とても生き生きしているように眩しく見える。

島崎藤村は「人の世には三智がある。学んで得る智、人と交わって得る智、自らの体験によって得る智がそれである」と言った。図書館員は学んで得る智には関心はあるが、人との交流に消極的な人が多いような気がする。「一度でも良いから図書館に来てほしい」というのは図書館員の常套句。しかし、図書館から出ることなく「図書館に来てください」と広報紙やホームページで宣伝してもダメ。図書館から出て、「宣伝」ではなく、人との交流を通して「ＰＲ」することが大事。

学習に熱心な図書館員は、人との出会いも楽しみに全国を駆け巡っている。本庁から図書館に異動してきた職員が、図書館員の猛勉強ぶりに驚嘆したという話は枚挙に暇がない。しかし、このことが斯界以外では残念ながら知られていない。本庁や市民とのリレーションシップが希薄という証左であろう。

図書館員が役所の環境衛生課や保険課の喫緊の課題すら知らないように（関心がないと言っても過言ではない）、相手も図書館の課題なんて関心の埒外なのである。交流がないからである。しかも、図書館はほとんどが役所内に設けられてはいない。同じ教育委員会であっても距離的にも離れていることのハンデは否めない。この現実を放置したままでは、教育委員会内部ですら孤立しかねない。

市民を、身近な同僚である市役所職員を、そして他市や他県の利用者や図書館員をどうやって迎えるのか。この迎える姿勢に、全国の図書館めぐりでたびたびがっかりさせられるのは私だけではないと思う。

図書館員は地方議会に関心を持とう

市民向けのある講演会でのこと。私の講演が終わり、質疑の時間となった。正確な文言は失念したが、「図書館の存在を市長に認めてもらうには何が必要か」との趣旨の質問を受けた。この質問はよく受ける定番である。これは、図書館サービスが市民に浸透していない、または理解してもらえていないという、どちらかと言えば図書館サイドからの意見である。質問者は職員であったり、図書館応援団であったりする。要は図書館サービスが市民はおろか役所内ですら認められていない現状を何とか打破したい、との思いが詰まった質問である。

図書館の評価者を一人でも多く得られれば、図書館の施策も自治体政策の上位に位置づけられるかもしれないし、予算の増額にも繋がるかもしれない。こうしたことを不断に取り組むのが館長に限らず、図書館員の務めである。しかし、一兵卒が何を主張しても、そう簡単にまちの政策に反映されるものではない。

どれだけ自腹で全国の研修会等に出掛けても、専門誌に論文が掲載されても、予算の増額という図書館への評価とはならない。

重要な政策や喫緊の課題は議会で議論される。常任委員会や定例会で、市民の代表である議員が執行部とやりとりを繰り返すのである。議会でのやり取りは議事録として残り、そして多くの自治体ではインターネットで公開している。公認の発言なのである。

ところが、この議会の議事録に「図書館」の文字を探すのは大変である。大変とは、めったに出てこないという意味である。

市長選絡みで図書館建設の是非がまちを二分していたりすると、数人の議員が質問として取り上げることもあるが、平常、特に大きな問題もなく図書館が運営されている場合、図書館の新規施策が議会で取り上げられることは皆無に近い。

図書館サービスを市民に浸透させるのは、まずは市議会議員の理解と、でき得れば応援が必要である。図書館だけ良ければいいということではない。どの部署もそうして日頃から努力しているのである。むしろ、図書館はこの点について積極的に取り組まれているとは思えない。他部署がやっていることをやらないで、図書館が理解されていないと言うのは、そもそもおかしなことなのである。

本庁ならば、議員と廊下ですれ違うことは日常的にある。ここで図書館のPRをすることも容易である。親しい関係にあれば、次の○○日のイベントにお越しください、とお願いもできる。議会開会中となれば庁舎内は議員の姿が目に付く。しかし、本庁と離れた図書館はすでにこの点で圧倒的に劣位にある。

話は戻って、では先の質問にどう答えたか。「議会議員の理解を得ること」と答えた。

私がそう答弁すると、最後に「私は市議会議員です」との返答があり驚かされたが、市民向けの講演会には、読書推進活動に関心のある議員が顔を見せるのは珍しいことではない。

参加者の氏名や職業等を記載する必要のない自由参加型の講演会では、誰が参加しているのか皆目わからないが、終了後、数人の議員が会場に見えていたことを主催機関のスタッフから教えてもらうことはたびたびある。むしろ、図書館員以外の役所の職員よりも議員の方が多いと思う。

議員とはいえ全ての行政施策に通暁しているわけではないし、全ての分野にまんべんなく関心を持っているものでもない。しかし、どの自治体にも図書館に理解を示す、図書館に関心を持っている議員はいる。

パブリックコメント、首長への手紙、首長を囲む住民懇談会等で、市民は誰だって市長に意見を伝えることはできる。どうしても直談判したければ、事前にアポをとり市長室に行けばいいのである。もっとも取り次いでもらえるか否かは自治体の規模、市長の考え、市長の取り巻き如何であるが。

しかし、市民が議場で発言することはできない。ここで議論が交わされてこそ、図書館サービスは市長や議員の理解を深め、応援団をつくっていくのである。

塩尻市役所に採用になって早々に図書館に訪ねて来てくれたのは何人もの市議会議員であった。政党も党派も関係ない。新図書館建設そのものが大きな事業であるとはいえ、図書館がしっかりと政治の中で意識されていることに安堵したものだった。このことが新館建設に当たって、どれだけ私の支えになったかは言うまでもない。

前市議も含め遠く三〇〇キロも離れた鹿嶋市に三人もの塩尻市議が私が塩尻市を退職した後、泊まりがけで訪ねてくれていることからも、大きな応援団であったことをわかっていただけると思う。

また、退職してからも、市議会議員選挙の討議用資料に「前図書館長」として私の名前を掲載したいとの申し出が二人の候補者からあった。塩尻市役所を辞して三年。辞退を考えなくもなかったが、「図書館」という文字が「政治」の中にあることの意義と重要性を優先し快諾した。私の名前がどれだけ有権者に響いたかはわからないが、こういうかたちで役割を求められたことはとても嬉しかった。

さて、先の講演会の終了後、質問をした市議会議員を含め二人の議員が名刺交換を求めてきた。また、その日のうちに、質問をしてきた議員と、当日会場にいた他の自治体の市議会議員からフェイスブックの友達申請があった。こうして、すかさず繋がりを求めてくるような議員と、図書館職員や市民の読書グループがどうやって連携し活動していくかが課題である。

私のフェイスブックには、まだ一度も会ったこともない地方自治体の議員から友達申請がたまにある。拙著を読まれたのか、どこかで私の講演を聞かれたのかわからないが、たまに真面目な投稿をすると、敏感に反応してくるところはいかにも議員である。

子どもの読書活動の推進に関する法律や文字・活字文化振興法は超党派の議員立法により生まれたものである。学校司書を法制化した二〇一四年の学校図書館法の改正も議員立法である。超党派で「図書館」「読書」「活字文化」といったことが議論され、国策としてひとつのルールがつくられているのである。しかし、この国の施策を図書館員はどれだけ、市民、児童生徒・学生に伝えているだろうか。また、この法律の趣旨に沿った各種施策を地方自治体の市議会でどれだけ取り上げてもらっているだろうか。議会だけでなく、どれだけ役所内において敷衍するよう図書館員は努めているだろうか。

鹿嶋市でも塩尻市でも、図書館応援団の市議会議員は、まめに私を訪ねて来てくれていた。特に塩尻市では党派を超えて五人ほどいた。この存在があったからこそ、役所内でも議会でも自信を持って発言を出来たのかもしれない。

鹿嶋でも塩尻でも、不断に議員にお願いしていたことがある。

それは、「議会で図書館の質問してください」である。

図書館と出版文化

二〇一四年の夏、拙著『塩尻の新図書館を創った人たち』（ほおずき書籍、二〇一四年）の出版記念会を東京で行ないたい、との申し出があった。受話器の向こうの主は本の学校の会長である永井伸和さん。私が師と仰ぐ人の一人である。まさに晴天の霹靂。欣喜雀躍している自分を悟られないよう振る舞いつつ、恐れ多いこと、として辞退した。

その後、『出版産業の変貌を追う』（青弓社、二〇一四年）の著者である星野渉さんとダブルの刊行記念会ではいかがか、と新たな提案があった。呼びかけ人は、永井伸和さんのほか、上智大学名誉教授で『週刊読書人』編集参与でもある植田康夫さん、前筑摩書房社長の菊池明郎さん。まさに出版業界の重鎮が務めるという信じがたきもの。ここで性に合わないという理由で辞退したら、生涯悔いることになると思い謹んで引き受けすることにした。

二〇一四年九月一六日、会場は東京・神保町の日本教育会館。知人に声をかけてもいい、とのことだったので、知人の出版社社長、首都圏に住む図書館関係の友人、鹿嶋市役所の先輩たちにも声を掛け、皆さん二つ返事で来てくれた。

『出版産業の変貌を追う』『塩尻の新図書館を創った人たち』刊行記念「星野渉・内野安彦両

氏を囲む夕べ」と題した立食パーティーは、五〇人ほどの人が集う会となった。大半が星野さんの知友かと思うが、会場で本を購入された方が次々とサインを求めてこられ、たくさんの励ましの言葉をかけてくれた。

『塩尻の新図書館を創った人たち』は、あえてローカルを意識して上梓したものである。新たな知見を示したものではない、とにかく、図書館と市民の関係を原点から関係者に問いたかったのである。塩尻という小さなまちで「確かにあったこと」を、公刊資料に「記録」しておきたかったのである。それは、外様として塩尻に着任した私の責任であると思っている。縁のない地で出会う市民は、私にとって地元の鹿嶋市で言葉を交わす市民とは意味が違うのである。なぜならば全てが他人であり、血族・姻族から得られる支援も全くないのである。

「私は三丁目の〇〇さんの親戚に当たります」「市役所の〇〇さんは高校の同級生です」「あなたのお父さんの古い友人です」など、鹿嶋であれば、直接・間接にどれだけの人と繋がっているかわからない。しかし、そういった繋がりのない塩尻では、一人一人大事に人間関係を紡いでいくしか方法がなかったのである。そういう必要のない地元出身の職員とのハンデは相当なものである。

しかし、そうしたアドバンテージがなかったことが、この本を生むきっかけになったことは確かである。ローカルな販路でしか流れないものと思っていたが、図書館という全国区の「読者」を得て、発行から三か月余で二刷という実績を残すことができた。

立食会場で次々と名刺交換し、短い言葉を交わす中で、繰り返し言われたのが、「このままではいけない。図書館と出版社が対峙し、出版不況の犯人捜しをしていては何の解決にもならない。肝心の読者がこのままでは被害者になってしまう」といった窮状を憂慮するものだった。

「なんとかしましょう」と言うのは簡単だが、具体的に、誰が、いつまでに、何を変えるのか。「図書館は無料貸本屋」と揶揄されて十数年繰り返されてきたこの議論に、どう終止符を打つのか。解決策にはならないまでも、いくつかの考えられる処方箋は持ち合わせていたが、私がその任を負う者ではない（能力もない）と躊躇い、吐露することなく、またまた不完全燃焼の夜となってしまった。

図書館は出版業界の敵ではないのだ。それを丁寧に説くために、出版業界と図書館界が同じ土俵に上る。行司はだれが務めるのか。それは読者である。まちの書店が閉じるのは読者にとって不利益なことである。図書館の資料費が減り、無料貸本屋と揶揄されるようなコレクションとなってしまうことも、同様に不利益と言える。

これでいいのだろうか、この問題の采配を握るのは読者しかないのである。しかし肝心の読者が議論の場にいない。このことが大きな問題なのである。こうした思いが鬱積していたところ、期せずして、神奈川県図書館協会研修委員会から出版と図書館にテーマにしたフォーラムを二〇一五年（平成二七）一一月の図書館総合展で行ないたい、との相談があった。議論を重ね、テーマは「この一冊を、必要とする読者に届けたい」とした。形式は講演ではなくパネルディスカッションで、パネリストに原書房代表取締役社長の成瀬雅人さん、有隣堂経営企画本部社長室の市川紀子さんという、すばらしい方に登壇いただき、私がコーディネーターを務めることとなった。

これまでのような、出版不況の犯人探しではなく、出版社、書店、図書館が、まず自ら反省すべきことはないのかという点を論点とした。この点が従来の同種の議論とは違うところである。このままの状態であったら読者はさらに本から離れていくことになるし、図書館サービスは逼迫する予算の中でますます窮状に追い込まれる等、会場の参加者に問いかけた。そして、過去の同種の取り組みを反面教師として、今回のみの一回で終わらない活動として、今後も公の議論の場を設けていくことを主催者と確認した。

出版社は「本をつくる」、書店は「本を売る」、そして図書館は「本を閲覧させ、貸出し、必要に応じ保存する」。誰のために行う行為であるか、読者であり市民のために、である。この主役に対して「本を読まなくなっている」との発言は、一読者の私に向けて言われたとしたら心外である。本が読者の元に届いていないことが、そもそもの問題なのである。

このことを先の三者と取次会社で真剣に考えないと、後世に知の財産を継承できなくなることを危惧せざるを得ない。危機意識を持つ図書館員はいったいどのくらいいるのだろうか。

●コラム●図書館員は、やっぱりヘンかも⑨

図書館員と切手

図書館員は手紙好きが多い。特にポストカードに凝っているような気がする。私が図書館員からいただく葉書は、普通葉書一に対してポストカード一〇といった割合。さらに封書に貼付された切手は一〇〇%記念切手である。郵便料金の変更に伴い、以前の額面の切手に追加料金分の切手を貼るときぐらいしか普通切手を見ることはない。

知人の中には、毎年、干支が描かれた切手を購入し、一二年後の同じ干支の年に、その切手を貼るのが密かな楽しみと言う司書がいる。ここまで来ると遊びも徹底している。

かくいう私も貼付する切手は記念切手である。相手の趣味、季節、居住する地域等に応じて、できるだけ、その個人に合った切手を貼付するよう心掛けている。メールにはない楽しみである。

書評を書く上で気をつけたいこと

自分の著作が見ず知らずの人の筆により語られるというのは嬉しいものである。過分な言葉は恥ずかしく、的確な批判は時に辛くはあるが励みでもある。

我が国で年間に出版される新刊書は約八万点。そのなかで、いったい何割の本が新聞、雑誌等の書評として取り上げられるのだろうか。そのメディアは大衆紙誌もあれば、業界・専門紙誌もある。想定される読者が違えば、書評のスタイルも自ずと違う。

また、書評自体も頼まれて書く場合と、投稿するものもある。投稿となれば特に学会誌や専門誌だと、投稿者にとって研究業績の「作品」にもなる。

幸いに単著として上梓した四点の著作は、いずれも書評として取り上げていただいた。

一冊目の『だから図書館めぐりはやめられない』は、「読売新聞 長野版」、「専門図書館」、「日本図書通信」。

二冊目の『図書館はラビリンス』は、『読売新聞 長野版』、『専門図書館』、『日本図書通信』(『専門図書館』『日本図書通信』は、『だから図書館めぐりはやめられない』と二点合わせての書評)。

三冊目の『図書館長論の試み』(樹村房、二〇一四年)は、『図書館雑誌』、『日本図書館情報学会誌』。

そして、四冊目の『塩尻の新図書館を創った人たち』は、『信濃毎日新聞』。

これらは、書評に限ったものであり、そのほか、新刊の発売に合わせ、取材記事として数多く紹介されてもしている。

また、紙以外のメディアとなると把握するのは困難である。公的なもので、かつ一定の文章量のあるものとして、瀬戸内市立図書館のホームページにアップされている「全国津々浦々図書館員の本棚数珠つなぎ」がある。ここでは、『図書館はラビリンス』（二〇一三年一一月）、『図書館長論の試み』（二〇一五年二月）を取り上げていただいた。いずれも、今後の執筆活動に元気をいただいた。

さて、ここまでは他者によって拙著のことが書かれたものである。

得意ではないが、私も一回だけ書評を書いたことがある。投稿ではなく寄稿である。依頼されたのは竹内悊の『「図書館学の五法則」をめぐる一八八の視点』。斯界に身を置く者で知らない人はいない著者である。残念ながら謦咳に接する機会はないが、当然ながら氏の研究実績から多くのことを学んでいることは言うまでもない。常識から考えれば、私ごときが書評を書けるものではないが、身の程知らずに引き受けてしまったのである。

さあ、それからが大変である。書斎にある氏の蔵書を読み直し、図書館に行って持っていない本を読む日々となった。書評はその作品だけを論じるものであっても、その著作者の作品にはできるだけ目を通すのが評者の当然の務めである。書評を書き始める前に、取り上げる本を含めどれだけ読書の時間に費やしただろうか。読めば良いのではない。書くために読むのである。本を附箋だらけにして格闘する読書を伴うことが、その人の作品の書評を書くということである。

何とか書き上げ、機関誌の編集担当者から過分な言葉をもらったものの、その後、書評の執筆依頼は全て辞退している。費やす労力も膨大ながら、それ以前の問題として拙い私の文章では恐れ多いと思うからである。

人の作品を、しかも恒久的に残るメディアに、取り上げ、自分の作品として残せるだけの能力があるとは思えない。褒めるのはできる。正直に書けばいいだけである。しかし、それでは書評とはならない。

批判をするには相当の覚悟がいる。誤りを指摘するには確たる証拠を持ち合わせていなければならない。口頭ならまだしも恒久的に残るメディアに、過った指摘をしてしまっては大変なことになる。それは時に相手に不愉快な思いをさせるだけではなく、自分自身の力不足を露呈することにもなるのである。

ネットに飛び交う書評を見ていると、どれだけ著者の心情を傷つけるものが横行しているだろうか。上梓した本が誹謗中傷されたらどんな思いを抱くか、本を出したことがある人ならば知っている。ネットとはいえ、いや拡散しやすいネットだからこそ、慎重な発言を求めたい。

インターネット書店のサイトに書かれた書評を読んでいると、あたかも誹謗中傷が目的のようなものに出遭うことがある。何を書くのも自由であるが、筆者の気持ちを忖度した上で書かれることを願わずにはいられない。

魔法使いを探す旅

大島真理さんの「司書魔女シリーズ（勝手に命名）」（郵研社）ではないが、確かに司書は魔女である。というか魔法使いである。

公式・非公式に関わらず、図書館を見るのは楽しいものである。全国の図書館員が毎日、図書館を駆け巡っていることを、図書館以外の所属の公務員はどれくらい知っているのだろうか。しかも、公務出張ではなく、ほとんどが自腹であることを。しかも、雇用の不安定な非正規の職員も正規職員とその姿勢は何ら変わらない。

私は公式訪問が好きではない。時間が限られた中、説明が長いと焦るばかり。しかも偉い役職の人の話（挨拶）は総じて長く、つまらない。時に説教じみて辟易とすることも少なくない。

資料だけいただいて、さっさと館内を見たい、と時計とにらめっこの視察は辛いものがある。現職を離れた今、大学の非常勤講師の名刺を出しても、相手にしてくれる公共図書館はほとんどない。現職中ならば、「○○図書館の方ですか、遠いところようこそ」と歓迎された。しかし現職を離れてからは、さっぱり相手にされない。失礼があるのといけないので断っておくが、教員が相手にされない、ということではない。正確には私が相手にされない、ということである。

こんなことがあった。カウンターで来訪の挨拶を兼ねて名刺を差し出したところ、「何の研究をされているのですか」と、いきなり聞かれた。若い男性職員であった。斯界で私が無名であることは十分に承知しているが、この図書館員の態度には呆れた。研究分野に関心があっての質問ではない。明らかにお前は何様だ、との疑われている感じがありありだったからである。こういう図書館員のいる図書館は総じて見るべきものはない。本が愛されている様子もなく、早々に退散することにしている。

ここまでひどくはないものの、けんもほろろな対応は少なくない。名乗って気分を悪くするなら、黙って見ていた方が感情も穏やか。冷静に見られるので現在はほとんど隠密見学に徹している。たまに「内野さんですよね?」と、声がかかることがあるが、だからといって館内案内を頼むことはあまりしない。

でも、どうしても名乗らないと気が済まない時がある。それは、魔法使いがいるぞ、という気配がそこはかとなく漂う図書館に入ってしまったときである。玄関を入って直ぐにそれはわかる。三分あれば魔法使いの存在を察知できる。

掲示物の貼り方。留め具（ピン・画鋲等）の使い方、書架の整理・整頓、そして、随所に見られる仕掛けの数々。こうなると、宝探しである。とにかく、ちょっとしたところに隠れている仕掛けを発見する喜びは図書館めぐりの醍醐味。司書が仕組んだ魔法が嬉しくて仕方ないのである。となると、隠密のまま退館することはできない。魔法使いに挨拶せずにはいられないのである。

こうした魔法使いの〝作品〟の大半は、お金のかかるものではない。多少の時間は費やすものもあるが、それも時間外勤務の賜物というものでもない。もっとも、お金と時間をかけた仕掛けは魔法とは言わない。ちょっとした心遣いが魔法なのである。

この宝さがしの楽しみはもう一つある。

「実は、これ、○○図書館のパクリです。あまりに素晴らしかったので」

この情報を聞き出すことも大事。次の訪問先の候補が聞き出せるからである。

熱心に学び・人と交流する図書館員がいる所は、こうして改善・進歩していく。これが図書館の市民サービスの醍醐味。その魔法に引きつけられるように市民が集い、遠路、図書館員が見学にくる。この魔法の習得には授業料は要らない。ときおり、交通費と飲食代が嵩む程度である。公務員だろうが、業務を任された民間企業の社員だろうが、公務労働に就く以上、必要な出費だと思う。

名刺交換だけでは繋がらない

手紙がよく届く。家人に届く手紙の数に比べたら突出している。手紙といっても、あくまで個人から送られてくる手書きの便箋や葉書（年賀状を除く）のこと。公的機関等からの公文書はもちろん含まない。

市役所を退職してから特に増えた。それだけいろんな人との縁が繋がっているのだと思う。数としては年間に八〇通ほどいただくかもしれない。退職や異動の挨拶、近況を伝えるもの、拙著の感想、講演やラジオ出演の礼状等、とにかく年がら年中届く。当然、いただいた手紙には返信を書かなければならないので、一年中手紙を書いては投函していることになる。

フェイスブックのようなSNSもいいが、やはり手紙の趣には敵わない。情報を伝えるのはSNS、胸の内を伝えるのは紙と使い分けているつもりであるが、ついつい、友人の反応が知りたくてSNSに感情を吐露すると失敗が多い。手紙と違って文章の推敲に時間をかけないのがその原因。手紙は感情を整理しながら筆を走らせるが、パソコンのキーボードは指先が感情を先行してしまうことが多い。しかも、怒りを抑えられない文章となると、なおさらである。

一度、人間不信に陥るような裏切りを受け、フェイスブックに報復宣言的なことを書いたことがある。危険な文字の頻出が反応したのか、「これ以上書くとユーザー失効となります」みたいな警告文が出てきたことがある。多少、トーンを抑えて書いても、それでも警告文が現れ、結局、報復宣言は日の目を見なかった。今となっては、それで正解であったと思う。一時の感情で人を冒涜するのは愚かな行為である。蔑まれ、裏切られたことによるリアクションであったにしても、相手と同じような愚行を犯せば、所詮同類である。そこまで堕ちたくはない。

季節の便りに次いで多いのは、講演会等の講師依頼に始まり、講演終了後の礼状にいたる一連のやりとりである。

公的機関や民間企業の多くは、電話やメールで交渉開始となる。しかし、市民団体は、先ずは丁寧な手紙を送ってくることが多い。もちろん、手書きである。先に断っておくが、これは面識のない相手との交渉に限ってのこと。面識があれば、それなりの親しい間柄で許されるやりとりとなる。

講演が終わり、数日後に礼状が届くのはお決まりの慣習であるが、公的機関は印字された礼状となる。これは公文書としては当然のことであり、これでいいと思うが、担当者の直筆の手紙が同封されていることもあれば、公文書一枚というところもある。わずか数文字でも一筆箋が同封されていると嬉しいものである。

一方、市民団体は便箋に丁寧な手書きの文字が綴られてくる。まずはメールで急ぎの礼状が送られてきて、数日後に封書が届く、というのがよくあるパターンである。

礼状の送付に関して、礼状の雛型はあっても、一筆箋や私文書を封入してはいけないという決まりはない。日頃、手紙を書いているか否かが、こうしたちょっとした行為に表れるのではないかと思う。私は現職中、一筆箋は必需品として職場のデスクの引き出しに入れていた。

私にとって、こうしたちょっとした行為の有無も、その図書館の評価となる。このような行為ができるスタッフがいるかいないかで、その図書館の見方は変わる。マニュアルにはない行為だからである。

二〇一五年春に拝顔の栄に浴する機会を得た方からいただいた手紙に、作家の井上ひさしさんが生前に繰り返し言っていたことが紹介されていた。

「むずかしいことをやさしく、やさしいことをふかく、ふかいことをおもしろく、おもしろいことをまじめに、まじめなことをゆかいに、そしてゆかいなことはあくまでゆかいに」

うろ覚えだったこの言葉を、あらためて教えてくれたのは、初めて会って一時間もしないうちに、私が勝手に師匠と決めた方からいただいた手紙であった。

この師匠はまさに、地域主義、現場主義を実践されてきた方。師匠もこうして手紙の力を信じている人だと思ったのである。

これがメールだったらどうだったであろうか。多分、ここまでの感銘はなかったと思う。手紙だからこそ、伝わる、伝えられる言葉があると思うのである。

メールに代わり、目下、一番頻繁に利用しているのが三年ほど前から始めたフェイスブックである。いつしか友人は二八〇人を超えた。基本的に私は友達申請をしない。私から申請した人は三〇人程度ではないかと思う。しかも、友達ほしさに始めたばかりの時期に集中している。

さて、このフェイスブック。ＳＯＨＯ生活の私にとって、体調を気遣ってくれる、悩みを聞いてくれる、冗談につきあってくれる「同僚」は、今はここにしかいない。また、多くの情報を得られる場でもあるのでオフィスそのもの。「フェイスブックがオフィス？」と嘲笑されそうであるが、自営業者には固定資産税も家賃も光熱水費も支払う必要のないありがたい場所である。深刻な悩みはメッセージでやり取りでき、なんども窮地を救ってもらっている。

しかし、いいことばかりではない。友人が増えるにつれ、投稿、コメント、返信等で、ついつい時間を費やしてしまうことや、見たくもない議論のやり取りには辟易する。

考えてみたら、私のような身分というか立場の人間は稀である。多くの人は何らかの組織に属し、一つのコミュニティの世界に身を置いている。自営業であっても、販売業であれば、顧客とのやり取りが終日続く。しかし、今の私は、冷蔵庫の発する「おはよう、今日は○月○日、今日も頑張りましょう」と、若い女性の声で一日が始まり（家族の中で一番早く起床するため）、書斎から外に出なければ、家人との必要最小限の会話以外、誰とも言葉を交わさないのである。ウォーキングに出て、すれ違う地域の人との挨拶がどれほど嬉しいか、わかっていただけるであろうか。

研修会場で初めて出会い、名刺を交換する。ここで終わると、その後の展開はない。となると、どれだけ人と出会っても、ほとんどは、その場限りということになる。

その後、お礼のメールが届いたり、稀に手紙での礼状が届いたりすることもあるが、特別なやりとりの必要がなければ、ここで終わる。

あとは、年賀状か暑中見舞いの定番の交換がせいぜい。ここから「友達」に進展するのは容易ではない。

ところが、フェイスブックはどうだろうか。知り合ったばかりの「知人」が「友達申請」をしてきて、趣味や生き方がドンピシャとなると、数日後にはなくてはならない友達になる可能性も少なくない。やり取りしているうちに「研修の講師に来ていただけませんか」となり、それ以降、さらに親しい間柄になることもある。

研修等にたくさんの名刺を持って参加される図書館員は多い。憧れの講師と名刺交換したというだけでは、その講師が多忙な方だと印象に残ることはない。その場限りの挨拶で終わることになる。名刺交換自体が目的であれば別であるが、少しでも関係を深めたければ、手紙を書くもよし、メールを送るもよし、フェイスブックで友達申請するもよし。とにかく繋がることに努めるべきである。名刺の交換だけで繋がることは難しい。せっかく作った名刺である。しかも、業者の挨拶回りの名刺ではない。ならば、その後の行動がなければ、せっかく作った名刺が可哀想である。

公共・大学に比べ、なかなか名刺が集まらないのが学校図書館の職員である。交流する機会はあっても、「名刺を持っていません」と口頭で名乗られることが少なくない。名乗った当人は「伝えた」との記憶が残っても、わずか数時間で数十人と名刺交換をするような場にあっては、名刺が手元にない人の名前を「覚える」ことは至難の業である。

さまざまな理由で名刺を持たないのであろうが、名刺は単に人脈を広げるにとどまらない。自分の仕事のクオリティを高めることになるものである。誰のために仕事をするのか。誰のために学ぶのか。利用者のためにほかならない。であれば、必ずしも名刺に拘泥するものではないが、自分を相手に伝える手段を持つべきであり、積極的な行動をとるべきであると思う。あと一歩の勇気で、全く違った世界が見えてくる場合が少なくないのである。

他館種の図書館員との交流

大学図書館、学校図書館、専門図書館は、公共図書館にとっていずれも欠かせない連携相手である。

しかし、連携相手と言いながら、どれだけ交流の機会があり、また、その機会を積極的に活かしているだろうか。斯界に身を置いて二〇年。あまり変化があるようには思えない。

全国図書館大会をはじめ、図書館問題研究会や各種学会が主催する会員の集う機会は、図書館員の積極さ如何であるが、探せばいくらでもある。しかし、経済的・時間的に参加が困難な面も多い。年次大会的な集会は、次の日程が決定次第、最優先して日程を押さえないと、なかなか行けるようで行けない。遠方の会場となると、かかる費用もばかにならない。公務出張で行ける人はいいが、昨今の予算では、多くの人が自腹で行かざるを得ない環境にある。私は現職時代、公務で全国図書館大会に参加したことは一度もない。給与的に恵まれない雇用条件で働いている人にとって、なおさら、そう簡単に行けるものではない。

「関係機関との連携」は、自治体の諸計画・政策の頻出ワードである。図書館サービス基本計画にも、学校図書館との連携は、法に準拠して必ず書いてある。自治体内に大学があれば、こちらも連携先の一つとして書いてある場合は多い。ところが、具体的な連携の施策が書いてないものが多く、計画の文言からは何も見えてこない。

私自身、自治体職員として現職中に何か特別なことをしたわけではない。よって、偉そうに語る資格はない。でも、互いに顔だけは承知している関係でいたい、と思っていた。

例えば、塩尻の図書館長時代は、市内の公立小中学校の学校図書館訪問を、学校図書館の主管課職員と一緒に定期的に行なっていた。時間が許せば、学校長と学校図書館の活用について懇談もした。塩尻市は親子文庫活動を実践していたので、市立の小中学校の訪問は、年度初めの事業の趣旨説明等、鹿嶋市と比較にならないほど多かった。

高校学校の図書館となれば、市内に限らず広域となる。高等学校の学校司書連絡協議会的な組織の会議に出席させてもらうことあった。また、高校生に公共図書館をセカンド・キャンパスとして使ってもらおうと、一回に七〇人ほどの生徒を受け入れ、商用データベース、各種参考資料を使った調査研究の時間として、公共図書館を使ってもらえるよう積極的にPRし受け入れを行った。

大学図書館とは、二〇〇四年一〇月、松本市にある信州大学と塩尻市が地域文化・地域産業等の振興、人材の育成、生涯学習、まちづくり、学術研究等のさまざまな分野で相互に協力することを目的に連携協定に調印。これがベースとなり、二〇一〇年には松本市・塩尻市・安曇野市の図書館と連携協定を締結。大学附属図書館と三市の図書館の資料が手軽に相互利用できるようになった（当時で約三〇〇万冊）。

特に、相互の館における返却受付、共催イベント・職員研修、ＯＰＡＣの相互リンクなどを行っている。私が退職後は、信大図書館と塩尻市立図書館において、相互に研修生を受け入れ、お互いの業務内容等についての研修を実施しているようである。

こうした連携施策を通して、学校図書館、大学図書館の職員と、多少は顔を見てわかる関係として繋がることができた。

しかし、これでは十分ではない。公共図書館と各館種は繋がってはいたものの、館種を越えたプライベートなネットワークにはなっていなかった。恥ずかしながら、現職中にその必要性を気づくに至らなかった。

これを教えられたのが、初めて大阪に招かれ、講演をした時だった。

主催者は大学図書館や公共図書館、館種を問わず業務を通じ関わりのある人で、その人脈もあり、当日の参加者は国立国会図書館、大学図書館、公共図書館、学校図書館、そして、図書館情報学の教員と、まさに「Ｔｈｅ図書館」の世界。四〇人ほどの集まりで、これほどさまざまな館種の人が一堂に会する機会は初めての経験だった。しかも、私はここで、これだけの多館種の図書館員を前に講演をしたのである。

驚いたのは講演が終わった後であった。主催者から当初聞いていていた懇親会参加者をはるかに超える人たちが懇親会場を埋め尽くしたのである。講演後に予定されている懇親会は、急遽都合がつかなくなりドタキャンが出て、当初の参加予定者よりも減るのが普通である。ところが、予定していなかった参加者が当日になって押し寄せるというのは極めて珍しい。しかも、終電ギリギリまで喋りまくるパワー。参加者の大半は女性である。ここまでさまざまな館種の図書館員の「バトルロイヤル」は、その後も大阪以外では経験がない。

卑近な話であるが、鹿嶋市立図書館時代、他の図書館で答えが見いだせなかったという相談が持ち込まれたことがある。たまたま私がカウンターにいた時だった。相談内容を聞けば決して難しいものではない。医学系の大学図書館に勤務する大学院時代の同級生に連絡し、ほどなく、その利用者が探していた研究論文は見つかった。特段、私でなければできないことではない。誰だってできることである。たまたま、レフェラルサービスとして照会する相手先に、個人的な付き合いのある図書館員がいたことで、より早く利用者の難問を解決することができただけのことである。図書館員のちょっとした繋がりが、利用者からの大きな図書館の信頼を得ることに広がるのである。

これはあくまで一例に過ぎないが、公共図書館の所蔵する図書館関係及び出版関係の逐次刊行物の所蔵状況である。特別な理由があり埼玉を選んだものではない。しかし、大半の県は、この状況よりはるかに悪い。「悪い」という表現は「所蔵されていない」という意味である。

連携相手の図書館のことを、まずは図書館員が理解し、またそれを利用者に伝えることが大事であることは言うまでもない。しかも、こうした逐次刊行物を書店で見ることは極めて難しく、市民に至ってはその存在すら知らないといっても過言ではない。

大半の地方自治体では、国内外に姉妹都市・友好都市の提携をしている。特定の資料

埼玉県内の公共図書館における図書館及び出版関係の逐次刊行物の所蔵状況 （2016年2月現在）

誌　　名	所蔵館数	所蔵自治体名
日本図書館情報学会誌	2館	埼玉県、さいたま市
図書館界	10館	埼玉県、さいたま市、川越市、川口市、蕨市、桶川市、上尾市、朝霞市、戸田市、蓮田市
情報の科学と技術	3館	埼玉県、川口市、ふじみ野市
大学図書館研究	1館	埼玉県
専門図書館	1館	埼玉県
日本古書通信	2館	埼玉県、桶川市
出版ニュース	7館	埼玉県、さいたま市、本庄市、朝霞市、戸田市、春日部市、草加市
出版月報	2館	埼玉県、川越市

（順不同）

逐次刊行物として、現在も収集している図書館のみ掲載（県と58市町村）
（検索ツール：埼玉県立図書館の横断検索）
＊「図書館雑誌」と「みんなの図書館」は除いた。（共に所蔵率75％）

を排架することで、市民に情報提供している図書館も多い。ならば、図書館の連携先に関する逐次刊行物の収集は然るべきコレクションと思うのである。

職員間の交流と同様に、こうした現状の改善も「連携」の前提であると思う。

地域と図書館

二〇一二年三月末日に塩尻市役所を退職して五年ぶりに実家のある鹿嶋市に戻った。待っていたのはほかでもない。地区の役員である。

先ずは町代である。地域によって呼称は違うが、全国的にわかりやすい表現だと班長と言われているものである。私の住む地区は大船津といい、地名から類推できるようにかつては水運の要衝として栄えていたところである。

北浦は利根川と繋がり東京へ続く主要な水路である。北浦に架橋されるまでは、東京からの来訪者にとって、鹿島は典型的な陸の孤島であった。西からの来訪者は大きく迂回するか、何が何でも利根川を超え、霞ケ浦・北浦を超えなければ来ることのできなかった地域である。多くの文人墨客がここで下船し、鹿島神宮へ参詣していたのである。

湖沼に建つ鳥居（現在の鳥居とは違う）は、鹿島神宮の一之鳥居として、往時の参拝客のランドマークでもあった。船を降りて鹿島神宮までは約二キロ。夕刻の下船者の中にはこの地で疲れた体を休めた人もいたのであろう。桟橋のすぐそばに旅館もあった。

しかし、昭和四〇年代から本格化した鹿島臨海工業地帯の開発で、急激に変貌する地域（かつては人口が集積していなかった地域）とは裏腹に、旧商店街はほとんど衰退した。

わずかな戸数で構成する班のため、町代は生涯に一度だけ回ってくる役職ではない。私は今回（二〇一二年度（平成二四））で五回目。役所からの回覧物・配布物を配ったり、地区の運動会の選手を調整したり、地区の公民館等の役員を兼ねたりと、それなりに忙しい役職である。

町代を終えると、翌年は副区長が回ってきた。世帯主の年齢順という地区にあっては、区長は六〇代後半以降の年齢の人が就く名誉職みたいなものである。いずれにしても五〇代というのは市内でも珍しい存在。その区長になる前年の区長見習い期間が副区長という役職である。

副区長の最たる仕事は、私の区の場合、月に二回、稲荷神社の総代として例祭の準備に当たることである。村の鎮守さまと違い、神社庁に総代の名簿を提出する社である。例祭は毎月一日と一五日と決まっているので、この日は全ての用事に優先して事に当たらなければならない。

境内の清掃は一年を通じた仕事。賽銭箱の浄財の管理など、賽銭泥棒とのいたちごっこにも悩まされた。掃除をしていれば、通りかかった近所の人が声を掛けてくれたり、なかには見るに見かねて手伝ってくれたり、飲み物を差し入れてくれたりと、この役職を務めなければ経験できなかった地域との繋がりをあらためて痛感する日々だった。

そして、続く二〇一四年度（平成二六）はいよいよ区長である。五七歳。地区の高齢者にしてみれば、まだまだ「あんちゃん」である。

この年度は、区長としての仕事は大当たり。鹿島神宮の一二年に一度の式年大祭「御船祭」が行われる年であるからである。

この祭事は、鹿島神宮と香取神宮（千葉県香取市）の祭神が湖上で再会し、地域の人々の安寧を願う神事。当日の朝、鹿島神宮の境内には武者装束などの姿をした供奉は約三〇〇〇人。鹿島神宮から北浦湖岸の一之鳥居までの往復四キロの行進を行なうのである。行進も壮観であるが、五色の吹き流しを風に躍らす約一〇〇隻の湖上の船団の姿はさらに優美。生涯に何度も見ることのできない祭事を一目見ようと、沿道や堤防には観客があふれた。

私は副区長時代から賛助金集めなど、この祭事に関わってきた。そして、九月二日の当日は供奉の一人として、終日、この祭りに武者装束をして参加をする機会を得たのである。

あまりにもスケールが大きい祭事ゆえ、全体の様子がまったく把握できない。供奉の一人としてひらすら歩き、船に乗り、また歩く一日であった。

区長は、役所の行政連絡員、公民館のまちづくり推進委員など、兼務しなければならない役職がある。なかでも地区の敬老会の実行委員長は大役であった。

諸準備は市役所の担当課が行うので、とりたてて委員長が奔走する激務というものではない。しかし、実行委員会のトップとして、地区の大先輩のまえで挨拶をしなければならない。挨拶は得意ではないが場数は踏んではきている。しかし、目の前にいるのは、私の両親のことはおろか、私が洟を垂らして、風呂敷を首に巻き風になびかせ、月光仮面ごっこで三輪車を駆っていた姿を知っている人ばかりである。なぜなら、私の住む地区は市街化調整区域なので、ほとんど転入者がいないのである。それは、私から参加者を見ても同じ。若かった頃の姿を記憶に留める人ばかり。仲人を務めてくれた夫婦も席にいるのである。

奇を衒った挨拶ではなく極めてノーマルなものであったが、数人の敬老者から、過分なお褒めの言葉を、当日はおろか数日後まで、地域を歩けば、参加された高齢者からいただいた。

二〇一四年度（平成二六）が終わり、振り返って数えてみたら、兼職も含めて区長として出た会議や行事は六〇回を超えていた。これでも仕事を優先して欠席した会議や行事は少なくない。仕事を返上して真面目に出ていれば一〇〇回以上はあったであろう。

こうして三年間を振り返り、しみじみ思うことがある。長々と読者には何の得にもならない些末なことを書いたのはほかでもない。次のことが言いたかったからである。

図書館員に限らない。自治体職員全般に言えることであるが、行政サービスの良し悪しは、一市民にならなければわからないことが多い、ということである。現職中にやっていることは、いくらベストを尽くそうと、現職者であるがゆえの「限界」があるのである。受益者の立場にならなければ見えないのである。

限界とは自己弁護であり、保身であり、組織のあらがえないルール等である。

そして、何よりも感じるのは、あらためて、どれだけ地域を知っているのか（知っていたのか）という自分への問いである。

地元に生まれ、地元で育ち、地元の市役所で働いてきた。それでも、どれだけ地元のことを知っていたのか。どれだけ地元の人と交流してきたのか。地区の役員を通じてあらためて痛感した。働いている場所と住んでいる場所が違えばなおさらである。

区長に至るまで、保育園や幼稚園の保護者会、小・中学校のＰＴＡの役員等、地域で生活する上でさまざまな役職が回ってきた。そういった役職で考えたら、区長は卒業論文のようなものである。しかし、卒業なんてできない。地域を卒業するのは自分が息を引き取るときである。

「図書館と地域づくり」――こんな言葉を頻繁に目にする。図書館員はどれだけ地域に出ているのか。そして地域を知って、この言葉を使っているのか。そんな簡単なことではない。市民にならなければわからないことの方が多いのである。

一四年も図書館に勤務していながら、「するべきこと」として気づきもしなかったことがある。それは、一利用者として、開館時から閉館時まで自館で過ごすことである。ＮＨＫ総合のテレビ番組「ドキュメント七二時間」ではないが、場所としての図書館の使われ方、利用者の動線、利用者の会話など、日常の図書館のドラマを、せめて一日でもいいから、観察すべきであった。利用者目線の排架などとカッコつけて言ってはいたものの、本当に利用者という立場になっていたのか。

図書館の資料を大量に借りる一利用者であったことは間違いない。しかし、そもそも市民という立場でものを考えたのか。反省ばかりである。

図書館のことを市民は知らない

公共図書館サービスの対象者は市民。ところが、その市民が「使う」施設なのに、「使い方」がわからない。いや、それ以前に、「図書館サービス」というものが十分に知れ渡っていない。かれこれ二〇年、伝わらないもどかしさを引きずりながら図書館に関わり生きてきた。別に私の責任ではない。そう思いながらも、私にできることはないか、私ならばできることはないかを模索し続けてきた。

幸いにも、拙著『だから図書館めぐりはやめられない』が世に出て、斯界にわずかでも読者を得ることがでた。しかし、それ以上に嬉しかったのは、図書館関係者以外の方に図書館の世界を伝えることができたことである。

なかでも青天の霹靂だったのは、拙著が新聞のコラムに取り上げられたことである。それは、『市民タイムス』（二〇一三年三月三日）と『神奈川新聞』（二〇一三年一二月五日）である。

『市民タイムス』は、長野県の中信地域（松本市、安曇野市、塩尻市、大町市、東筑摩郡、木曽郡、北安曇郡）を対象エリアにした朝刊のみの地域新聞。発行部数は地域新聞としては日本最大級の約七万部（自社公称）。中信地域では、県紙『信濃毎日新聞』と同じくらい影響力を持つ新聞である。

『神奈川新聞』は、神奈川県内では読売新聞、朝日新聞、日本経済新聞に次いで第四位の発行部数（二〇万部）を誇る日刊紙。

この二紙のコラムに取り上げられようとは事前に知る由もなく、友人が教えてくれなければ知らないままであった。

嬉しかったのは、拙著で訴えた「図書館は人で決まる」ということを記者の方が興味を示してくれて、それを記者の筆で読者に伝えてくれたことである。私のような拙い文章ではなく、すばらしい文章を纏い、私の作品を読者に伝えてくれたのである。取材記事でもなく、書評でもない。その新聞の顔というべき「作品」の題材に拙著が取り上げられるとは思ってもみなかった。

図書館は読者に本（情報）を届ける仕事である。しかし、その前に「図書館の仕事」を周知する仕事がある。それは利用者教育と言ったり、ガイダンスと言ったりするが、役所を辞め、市民の立場でこの表現を聞くと、どうもしっくりこない。

図書館はいろんな取り組みをしているが、どうも図書館という商品を「店頭販売」しているにとどまっているような気がしてならない。積極的な営業活動をしているのだろうか。

以前、こんな経験をした。

それは、ある公共機関での出来事。いかにも図書館のカウンターで受けるような質問を、高齢の女性が市役所職員に詰め寄るようにしていた。近くにいた私の耳にもそのやりとりは自然に聞こえてきた。それは、小学校時代の教科書に載っていた詩のことで、この詩の全文が知りたいのだ、とのことであった。「紅梅白梅みな散りはてて、彼岸すぎれば風温かく……」と、市職員に語って聞かせていた。そらんじるくらい思い出深い詩であることが痛いほど伝わってきた。

何度も相談されているようなやりとりの様子だった。その市職員は私の知り合でもあることから、「もしもよければ、私がその相談に乗りますよ」と、口を挟んだ。突然、現れた私に一瞬驚いた様子であったが、その市職員が「こちらは元図書館長さん。決して怪しい人ではないですよ」とフォローしてくれて、この案件を持ち帰ることになった。

案件と言ってもすでに私の中では勝算ありであった。「小学校の教科書」「紅梅白梅……」の詩、この条件が正しければ、国立国会図書館のレファレンス協同データベースでいけるのではないか、と確信していたのである。

自宅に帰り早速調べた。まさにドンピシャであった。一九四六年の初等科国語、一九四七年の第五学年用の国定教科書に収載されていて、『日本教科書大系 近代編 第九巻』（講談社、一九五四年）、『文部省著作暫定教科書（国民学校用）第三巻』（大空社、一九八四年）で、全文を見られることがわかった。この種の叢書は近隣の公共図書館では所蔵がないので、勤務校である常磐大学で資料を複写し、市役所の友人を通して市民に届けてもらった。

そのご婦人にとって多分六〇年以上抱えていたと思われる課題が、私がちょっと口を挟んだだけで、あっけなく解決したのである。解決したのは私の能力ではない。図書館のネットワークサービスというツールを私が単に知っていただけのこと。しかも、私がそのことを知る斯界でも数少ない一人ではない。現在、公共・大学・学校等の図書館に勤務する一〇万人余の図書館員なら誰もが知っている（知っていると信じたい）ことなのである。ただし、このような時に、私のような行動をとる図書館員がいったい何人いるかといえば、残念ながら極めて少数であろうと思う。

「面倒なことになるからいいかぁ」「役所の人も、その市民も知り合いではないので関係ないな」「今日は非番の日。仕事はしたくない」等、いくらでも〝正当な〟理由は挙げられる。もっとも、レファレンス協同データベースに考えがいかなくても、レファレンスとして、あの参考図書と、あのツールを使えば何とかなるな、と回答を引き出す手立てを考えるプロ根性は図書館員ならばあるはず。面倒なことを避けてその場を立ち去っても、きっと後悔するはずである。

図書館サービスを知らせること、それは図書館員の基本的な日常の営業行為なのではないだろうか。学ぶことも大事、書くことも大事、交流することも大事である。しかし、それを斯界の中だけで終わらせてはいないだろうか。いや、終わらせるだけでなく、ときに斯界で潰しあっているように感じることがある。新人が伸びてくることを快く思わない世界に発展はないと思う。

図書館を出て街を歩こうとしているだろうか。机上のアンケート調査の集計だけで「現場の実態」を把握しようとしていないだろうか。市民のためと言いながら、一人でも多くの市民と交流しようと努めているだろうか。

役所を辞めて痛感したこと。それは、図書館のことを市民は知らない、ということである。図書館に異動する前の私は、「本は好きだが図書館には行かない。本は自分で買うもの」というタイプであった。その理由はなぜか。図書館には私の借りる本がない、と思っていたからである。しかし、これは大きな誤解であった。読みたい本は山ほどあることを図書館に異動してわかった。

では、なぜわからなかったのか。

①　閉架書庫を見たことがなかった

②　ＮＤＣ（日本十進分類法）を知らなかった

③　相互貸借、予約・リクエスト制度を知らなかった

呆れるくらい単純なこと（図書館員にしてみたら）である。しかし、これは現在でも大きく変わってはいない。図書館サービスは依然として「伝わっていない」のである。

財団法人出版文化産業振興財団が二〇〇九年に行った『現代人の読書実態調査』では、一か月に一冊も本を読まないのは成人で約二割という調査結果であった。「書店に行くことはない」と答えた人は、どの世代も五％未満。となれば、図書館に来たことのない人の七割にまだまだ食い込める可能性はあるということである。

この可能性のある沃野に、図書館はどれだけ踏み込んでいるか。要は「営業」である。ルート営業、飛び込み営業とまでは言わないものの、先ずは図書館を離れた街場で市民とどれだけ交流し、そこで図書館の営業を不断にしているかである。

役所を辞めて、私は「図書館界の営業マンになる」と不遜にも拙著で宣言した。それは一四年間の図書館勤務の間、図書館からもらった贈り物への返礼の行為でもある。こんなにすばら

しい世界があるということを一人でも多くの人に知ってほしいからである。そのために、図書館を熱く語るラジオ番組のパーソナリティをしたり、一般の方でもわかるような本を上梓したりしているのである。

図書館員ならばブラウジングという言葉は馴染のあるもの。インターネットに接続して情報を探し出すこともブラウジングである。ならば、街をブラウジングして、市民のニーズを把握し、そこから新たなサービスを展開することは図書館の営業活動そのもの。広報の前に必ず公聴があり「ＰＲ」となることを、あらためて考えてほしいものである。

場所としての図書館

潮来市から一〇〇〇メートル余の新神宮橋を渡り鹿嶋市に入ったところに、鹿嶋市が建てた野立広告塔が設けられている。カントリーサインはほとんどの自治体の境界に設けられているが、立体看板はそれほど多くない。鹿嶋市の看板はかなり凝った造型で、サッカーのまちに相応しいオブジェのようなものである。このオブジェに「夢フィールド 交流（ふれあい）のまち かしま」と標語が描かれている。何を隠そう、私が一〇年以上前に鹿嶋市の図書館に勤務していた頃に企画課から依頼があり考えた標語である。

実は私が考えたのは「夢フィールド」のみで、「交流のまち　かしま」の前に何か言葉が欲しいという依頼だった。

フィールドとは、言うまでもなく、野原・野外、野球場または球場の内外野、学術などの専門分野・領域、磁場・重力等の意味である。鹿嶋市はまちじゅうに夢が溢れている、夢をかなえる場所がある、といった願いも込めて「夢フィールド」とした。

図書館を「場所（Ｐｌａｃｅ）」と考えた場合、学童保育、青少年問題、高齢者福祉等の観点で「居場所」として見ることができるし、災害時は「避難場所」として指定している自治体も多い。近年はカフェを併設する図書館もあり、待ち合わせ場所としても使われてもいるようである。

さまざまな目的で市民が図書館を使うということは、それだけいろいろな立場、状況の人と図書館員は接することになるわけで、従来のような「本を

鹿嶋市の野立広告塔

借りに来た人」との接し方では、時に相手の感情を害さないとも限らない。

サービスは一定程度マニュアライズされたものを、誰へだてなく平等に行なわなければいけない。公務サービスとなればなおさらである。しかし、さまざまな状況のなか、図書館を訪れる利用者の中には、平準化したサービスでは対応できない場合も少なくない。「時間ですから」「規則ですから」「認められていません」等の、ある意味、誰とも分け隔てない公平な接遇であっても、相手の感情の在りようによっては、利用者さんのトラウマになりかねない言動を図書館員は侵す可能性もある。

ホスピタリティとは、サービスする側が相手の年齢、態度等に応じて、ちょっとした心遣いを言動に表すことである。その一言で、他の悪い条件も帳消しになる場合もある。言葉や態度の魔法であると思っている。

最近、シニアクルーと呼ばれる高齢者のスタッフをファストフード店でよく見かける。私はめったにファストフード店にいかない。なぜならば、店員さんのマニュアルどおりの接遇についていけないからである。初めて入店する店で、注文の仕方もわからないまま、一方的に早口でオーダーを求められてもどうしようもない。食べたいけど入店しないのは、既定の接遇では満足はおろかストレスを覚えるからである。

ところが、シニアクルーは違う。表情が「待ってくれている」のである。その表情があるから、「よくわからないのですが」と質問ができる。そうすると、丁寧にオーダーの仕方を教えてくれるのである。

毎日、全国のまちで図書館デビューをする市民がいる。高齢者となれば、いったいどういうルールになっているのかわからない人が大半であると思う。利用者登録を済ませ、資料を借りるために初めてカウンターに来た時、「いくらですか」と尋ねられた経験を持つ図書館員は私も含め少なくないと思う。

均質なサービスに、相手の感情を忖度した個別のホスピタリティで接すること。「図書館っていいなぁ」と感じてもらわなければ、資料も施設も活かすことはできない。そうでなければ、「やたらでかい、金を無駄使いした施設をつくりやがって」となるのがオチである。

自動貸出機、自動返却機等、従来のパブリック・サービスの利用者さんとの接点が変わりつつあるが、図書館は人が介在するサービスであることに変わりはない。利用者さんは、自分の相手として、時に他者の行為の観察者として、図書館員の言動を注視しているのである。

一方、「フィールド（Ｆｉｅｌｄ）」であるが、これは、従来言われてきている全域サービス云々のことではない。別項にも書いたが、図書館内ならば、フロアワークが必要なように、図書館員はフィールドワークが必要である、ということである。

フロワワークとは「わざわざカウンターまで行って職員の手を煩わせることを遠慮したり、

面倒がったり、職員の人的援助を受けられることを知らない利用者に対して有効である。通りかかったときに利用者から声をかけられるという場合が多いが、迷っている利用者に対して職員の側から援助を申し出ることも大事である。さらに偶発的な機会を待つだけでなく、意図的、計画的に職員が館内を巡回し、利用者との接触機会を増やすことも効果がある。」とある。

(https://kotobank.jp/word/フロアワーク-1703719)

フィールドワークは、単にこうした行為を館内ではなく、市域でやることであり、このことが斯界ではこれまで論じられてこなかったように感じるのである。

そもそも、図書館員は館外に出るのは、読みきかせ等で学校や、その他公共施設を訪ねるくらいで、市街地や郊外を歩くということをあまりしない。利用者との接触の機会が極めて少ない、ということである。

下校時の児童生徒の様子を見たことがあるだろうか。地区の公民館でゲートボールを楽しむ老人たちに話しかけたことがあるだろうか。商店街を歩いて図書館のPRをしたことがあるだろうか。フィールドにだれがいるか。それは図書館を利用する市民の数倍はいると思われる未利用者の市民である。図書館で待っていては、接触の機会のない人たちであり、納税者なのである。

図書館関係者が「まちづくり」や「地域づくり」といった表現を語る際、どうしても違和感を覚えるのは、本当にフィールドに出ているのだろうか、と疑心が言葉や行間から感じられるからである。対象は市民。図書館の施策を語る前に必要なのはフィールドワークだと思うのである。

子どもが保育園に入れば保護者会、学校に入ればＰＴＡ、少年団活動、勤め人となれば職場の労働組合等、枚挙に暇がない。これを断れずに（好きでやる人は僅少）何かしらの役員をずっと続ける人と、いろんな理由をつけて（これ自体を否定するものではない）、やらずに過ごす人がいる。どちらかと言えば、逃げ切れなかったという理由で私は前者になるだろう。それでも「完璧にやりきった人」から見たら、上手く逃げ回った奴と言われても否定はしない。

保育園や学校では、入学時、卒業時の保護者代表挨拶や謝辞はよく引き受けた。地域の公民館活動では公民館だより、小学校ではＰＴＡ会報の編集長を務めた。先述したように、市役所の労働組合では教宣紙の編集長を務めた。こうしたことは全て自分の時間を犠牲にしなければできない。「できる」か「できないか」といった能力の問題もあろうが、要は誰かのためにやる無償の「仕事」である。

公共の仕事は一生懸命やるのは当然のこと。市民はそれを当然のこととして受け止めている。なぜならば市民は納税者として既に対価を支払っているからである。

公共図書館員は、身分が直営、委託、あるいは指定管理者であろうが、そこで働くということは公務労働に就いているということである。市民が図書館員を評価するのは、仕事であればマニュアルに沿った公務（誰もが遂行すること）以上の細やかな気配り等であり、地域等における無償の行為・実践である。どちらも、職員に求められるのは技術・知識以上に、市民や地域への愛情である。

施設は開館したその日から、老朽化という宿命にある。しかし、図書館は、資料の保存という仕事からも、資料は年を追うごとに輝きを増すものも少なくない。そして、職員のスキルも同様に経験・学習を積みながら向上していく。私は「図書館は人で決まる」というのは、それは人の伸びしろは無限である、と思うからである。それは市民という、もう一方の「人」も同じこと。この互いの図書館への愛情なくして、図書館は地域のものとはならない。図書館に一方通行という標識はないのである。

叶わなかった図書館づくりの夢

これは叶わなかった夢である。その夢とは、どこかでのまちで図書館を一からつくる機会が再度私に巡ってきたら、こういう図書館を創ってみたい、というものである。

やりたことはたくさんある。塩尻の図書館にいた頃から、叶わずに諦めていたアイデアも少なくない。基本設計が終わって実施設計に入るという段階からの関わりであったので、開館後、こうなっていればよかった、ああすればよかった、との思いはずっと引きずっている。また、全国の図書館を見て歩く中で、新たなヒントをもらうことも多い。

ここに書いたことでどうしようもないことではある。しかし、もしかしたら、興味を持ってくれる読者や図書館員がいるかもしれない。その前に○○図書館ではすでにやっていますよ、と教えられるものもあるだろう。そういう図書館があればあったでそれは良いこと。現に原稿を書いている今と、この原稿が本になった時と、その本を読者が読まれる時では、既に相当の時間が経っているのであるから。

出し惜しみするつもりはないが、紙面の都合から、叶わなかった夢をあえて五つに絞り披露させてもらうこととする。

一つ目は、図書館内に本物のクルマを置くことである。図書館にクルマといえば、和歌山県有田川町地域交流センター「ＡＬＥＣ」が斯界では有名。二〇一五年の夏頃まではヨタハチ（トヨタＳ８００）、ロータスヨーロッパなど旧車が展示されていた。これもやりたかったことの一つであるが、私の夢は、児童コーナーにエンジンを取り外して、ボンネットとトランクのフードと両側ドアを外したフォルクスワーゲン・ビートルのタイプ１（俗に「ビートル」と呼ばれる車種）を児童室に置くことである。エンジンルームとトランクには本を展示。若い家族連れが車内で本を読むのもよし、子どもがステアリングを握り自動車ごっこに興ずるのもよし。遊び方はいろいろ。タイプ1のボディは堅牢な鉄板で曲線が多いので、その愛らしい風貌は図書館にぴったりだと思う。

外したフードとドアは館内のディスプレイ用に原型を活かして本の展示用に加工。降ろしたエンジンもショーケースに入れてディスプレイとして飾るのも一考。

なぜ、タイプ1かと言えば、ビートルとしての圧倒的な存在感である。一九三八年の生産開始以来、半世紀以上にわたり生産され、四輪自動車としては世界最多の「二一五二万九四六四台」の累積生産台数を誇る大衆車。実は私も三台目のマイカーとして二年弱乗っていた。ちなみに、グレードは1303S。たくさんの思い出をつくったクルマだった。

タイプ1は、その愛らしいキャラクターから、フィアット500やシトロエン2CV同様に、クルマの絵本のモチーフにもなっている。ただし、子どもだけではない。こういったクルマはお父さんやお母さんの憧れのクルマでもある。おじいさんやおばあさんになると、かつてのマイカーだ、と喜ばれるかもしれない。

しかも、先の二台に比べ作りは堅牢で安価で入手できるのがタイプ1の利点。望ましくはカブリオレだが、価格の点でちょっと難しい。

適宜、ラッピング広告で飾れば、財源確保にもつながる。なんてったって、このクルマはどの世代にも最高のアイドルである。

「お父さんが一度は乗りたかったクルマだぁ」

「おじいさんが若いころ乗っていたクルマだよ」

「ミニカー持っているよ」

こういった会話が毎日、このクルマの周囲で交わされるのは必至である。

また、フォルクスワーゲンのディーラーが近くにあれば、このディスプレイを縁にコラボのイベントも考えられる。

日本一、ワーゲンの資料が揃っている図書館なんて「売り」もいいかもしれない。

市内にフォルクスワーゲンのインポートセンターがあれば、ちょっとした地域資料としてもいろいろ考えられる。

熊本県大津市の図書館を訪ねた時、雑誌棚に『ホンダスタイル』を見つけビックリ。こんなレアな雑誌が図書館にあっていいのか。しかも、本田技研に特化した雑誌。さらに周囲を見渡せば、図書館の規模的にはクルマの雑誌が多すぎる（多いのがダメという意味ではない）。はたと気が付いた。このまちに本田の工場があるのでは、と。答えはピンポ～ン。このやり方は上手い、と感心した。この話は私の講演での定番メニューとなっている。

二つ目は、図書館内に小さな図書館をつくること。これは二〇一五年五月に東京都東久留米市立図書館で行われた「ひとハコフェスタ」と、世田谷文学館で二〇一五年に行われた「植草甚一スクラップ・ブック」展を基に考えたものである。

ひとハコフェスタは、自分の好きな本を、小さなマイライブラリーとして図書館のイベント会場に展示しませんか、と公募した企画。このイベントの基調講演の講師を務めた関係もあり、私もライブラリーに出店した。私がつくったのは、鬼籍に入った大好きな人たちに関する著作を集め、「雲の上の図書館」とネーミングした。天国に行ったら、たっぷり話がしたいと思っている渥美清、吉村昭、ジャイアント馬場、手塚治虫、ジョン・ボーナムなどの関連本をセレクト。

世田谷文学館で行われた「植草甚一スクラップ・ブック展」は、生前、氏が身に着けていた衣服や、スクラップ・ブックなどの展示に合わせ、「三歩屋」という小さな古書店を模した展示ブースがつくられていた。この店舗は、四万冊を超える蔵書を元に、氏が生前に下北沢で開店を計画していたもの。建物内に、もう一つの建物をつくるという発想が興味を引いた。

この二つのアイデアを合わせ、図書館内に多目的に使える小さな図書館をつくるのも面白いな、という発想である。もちろん、図書館であるから屋根付き個室。市民や市民団体の本を並べるのも結構であるし、図書館の特別展示にも使える。図書館以外の外部の団体や機関が使うときは、そのたびに館長を命ずるのも面白いと思う。隣のまちの図書館員が、自館の蔵書を並べるのも面白いかもしれない。こちらはいくらでもアイデアは湧いてくる。

一つの書店に、もう一つの書店をつくる、という試みは、丸善丸の内本店で、平成二一年から二〇一二年（平成二四）にかけて、編集工学研究所長の松岡正剛氏がプロデュースした「松丸本舗」がよく知られるところである。こちらは、二〇〇平方メートル余りの空間、五万冊余の本を並べたスケールの大きなものだった。この取り組みをスケールダウンした図書館版といったものである。

三つ目は、閉架書庫の本を広く市民に公開することである。図書館員には見慣れた、しかも開架に比べ魅力のない書架に映る人もいるかもしれないが、ところがどっこい、市民にとっては開架書架よりも、魅力的な書架として映る人も少なくないと思う。現に私がそうであったように。

私は現職中、閉架書庫に入ると、いつも数冊の本を抱えて出てきたものである。蔵書検索をしてピンポイントで探しに行くのではない。塩尻では、旧館時代、閉架に大量に眠っていた筑摩文庫を開架に出したように、そこはまさに宝の山。開架に眠るお宝本を市民の方に知ってほしいのである。

物理的に閉架が狭隘で市民を入れるのが危険という図書館もあると思う。また、貴重な資料が盗難にでも遭ったら大変、と危惧する図書館員もいると思う。そういう図書館は、別に市民に入ってもらわずとも、一定の期間、特定の場所に一部を公開することでもよいのではないか。

全国には、入館手続きをすれば、閉架書庫での閲覧を認めている図書館はある。図書館はだれのものか、それを考えれば、お宝は隠すものではない。積極的に見せるべきであると思う。

四つ目は、図書館内で郷土資料を販売することである。地方の書店に行くと、県内の地方出版社の棚や郷土関係の本の棚がつくられていることが多い。しかし、書店の立地場所が駅に近かったり、図書館の近くだったりすると、そのまちに初めて来訪した人でも、郷土資料に遭遇する可能性はあるが、そうでなかった場合はなかなか難しい。

図書館内に地元書店が出店（出品）し、期間限定で本を販売するというのはすでに行われている。大阪阪市場化テスト受託業者が府立中央図書館で書籍販売の試行実施、滋賀県多賀町立図書館でも、書店と協力して地域を盛り上げようと、書店が館内で本の販売が行われてもいる。

私はあくまで地方出版社、郷土関係の資料に特化して、なかなか読者が出会いにくい本を届ける手法としてやってみたいと思うのである。

最後は、図書館に動物園をつくること。リアルなＦＲＰのアニマルオブジェを館内に配置。例えばキリンなら三メートルを超えるものとなる。天井に頭部がくっつくくらい大きなもので、重量は七〇㎏ほど。職員数人で移動も可能。シマウマ、パンダ、ヒツジなど、実物大の大きさというリアル感がたまらない。大きなものとなるとさすがに数十万円となるが、予算要求が許せば、やってみたい一つである。

図書館ってこんなところ、という既成概念を取っ払うこと。ただし、単に打ち上げ花火のような一発で終わるものではないこと。それがあることで図書館に行こう、と思ってもらえるような仕掛けはまだまだいくらでもある。でも、出し惜しみにして本著の最終項とする。

●コラム●図書館員は、やっぱりヘンかも⑩

図書館員とクルマ

図書館員はクルマが好きか嫌いかにはっきりと分かれる。男性でもペーパードライバーがけっこういる。一方、女性はなぜかマニュアルシフト好きが多い。これはアメリカのアリゾナ州の図書館を三週間ほど視察したときに出会った女性の図書館員も同じ傾向だった。理由はわからない。燃費を気にする様子でもない。走り屋（笑）が多いのだろうか。

斯界のクルマ好きは国産高級車志向ではない。外車志向か、国産車でも個性の強いクルマを好む。知人にはシトロエンＤＳ３や、ホンダＣＲ-Ｘデルソルを駆る女性司書がいる。ＤＳ３は現在の愛車。デルソルはかつての愛車。どちらもレアなクルマの範疇に入るだろう。

かくいう私もクルマ好き。これまでに乗った愛車は二〇台を超える。でも、ほとんどが中古車。生涯でたくさんのクルマに乗りたいので新車は不要と公言しているが、何のことはない。実は新車が買えないだけである。

最後に

図書館サポートフォーラムシリーズの第五作に私が指名された理由を、ふと思うところがあり考えてみた。何も思いあたる実績も経験もない。秀でているものがなにもない。だとすると、「内野がどうして本シリーズの著者に指名されたのか」と、いぶかしがる声が日外アソシエーツ編集部に届かないとも限らない。

消去法で考えてみた。四〇歳過ぎてから図書館界にデビューし、公共図書館と学校図書館の二つの館種に仕事として関わり、読書アドバイザーの資格を持ち、地域で区長を経験した「元図書館長はいるか」、と斯界に問えば、手を挙げるのは多分私一人だと思う。これで出版社としては珍しい奴だから指名した、という理由は立つ（実際の理由は不明）。こうした経験を基に書いたのが本著である。

二〇〇〇年から二〇〇五年にかけて、ＮＨＫで「プロジェクトＸ～挑戦者たち～」という番組が放送されていた。功成り名遂げた史上に名を残す社長ではなく、その社長の思いを具現化すべく、大きなプロジェクトを遂行した名もなき企業戦士等のドキュメンタリーであった。何よりも市井人にスポットを当てたことが視聴者の感動を呼んだ。この主人公たちに共通するのは、誰かを少しでも助けたい、楽をさせたてあげたい、といった相手を慮る優しい心である。まさに図書館員の仕事そのものである。

この番組で貫き通したテーマ。それは「思いは、かなう」である、とチーフプロデューサーの今井彰さんは言う。この今井氏の著書『プロジェクトX リーダーたちの言葉』（文藝春秋、二〇〇一年）の「はじめに」に「努力している人間を、運命は裏切らない。必ず、道は開ける。」とある。この言葉は私を支えてきた言葉の一つである。

この世界に入ってたくさんの知遇を得た。努力と言えるほどのことはしていないが、この言葉が導いてくれたようなものである。私から近づいたのではない。退職後は、拙著を通じ、または私の言動をどこかで耳にされたことで、邂逅の機会を得た方が大半である。そして、謦咳に接し、人生の師と一方的に慕っている人が何人もいる。

その中から、三人の方に拙著の上梓に当たり、寄稿していただくことができた。単に応援ソングを書いてくれ、という目的で頼んだものではない。この三人の文章から図書館サービスの奥義を感じ取ってほしいとの思いである。

図書館だけの世界にいては、図書館サービスは市民になかなか届かない。もっと交際範囲を広げ、地域に出て学び、例えば、口にした仕事に関する不満が、本当に妥当なものであるのか、業界外の人の意見に耳を傾けることも必要である。「知の銀河系」を扱う図書館員が、小さな惑星にいてはいけないと思う。

縁の不思議さを思う

永井伸和

内野氏の『図書館はラビリンス』の五八頁に「『本の学校』大山緑陰シンポジウム記録集」をご紹介いただいた。

世紀末の五年間、鳥取県の国立公園大山にて「地域から描く二一世紀の出版ビジョン」を総合テーマに二泊三日の合宿シンポジウムを開いた。出版界、図書館界、教育界、マスコミ界、そして著者から読者まで、各々の垣根を越えた聖域なき熱い議論は、分厚い全五巻の記録集として残った。これをすべて精読されたのは、小生の知る限り、大著『韓国出版発展史一九四五〜二〇一〇』を著された元大韓出版文化協会常務理事・李斗暎さんと、図書館情報大学院時代に、出版流通と図書館の研究を始められた内野さんのお二人。それを知った時、生涯の友を得た喜びに飛び上がるほどだった。

ご縁の不思議さを思う。元河出書房新社『文藝』の編集長（長野県在住）で、「本の学校」

をご存知の長田洋一さんと、筑摩書房の創立者である古田晁さんの生誕の地、塩尻市の図書館長となられた内野さんとの出会いにより、「本の学校」の図書館版とも云える新事業「信州しおじり本の寺小屋」を実現されたというご縁である。

「本の学校」は、一九八七年に開催した「本の国体」(ブックインとっとり'87「日本の出版文化展」)を源の一つとしている。市町村図書館が二館しかなかった鳥取県で、身近に「開かれた市民の図書館」を願う児童文庫活動などから始まった県民運動である。実行委員会が主催し、書店組合が事務局を務めて、県内三市で模擬図書館を手づくりで創り、延べ一〇日間に県人口の一割を越す人々が参加した。その一つのコーナーであった地方出版の顕彰事業「地方出版文化功労賞と全国各地の本展」は、全国各地の出版物を集めて顕彰し、本年二九回を数えるが、長野県の出版活動には独自な伝統があるのを感じてきた。

今井書店は長崎で蘭学を学んだ今井芳斉(後に兼文)が、一八七二年(明治五)に医業と私塾の傍ら創業し、一八八四年(明治一七)には活版印刷業を始めた。三代目今井兼文は我が国の出版文化を育むためには、ドイツのような書店人の職能を高める学校が必要だと云い続けてきたが、九五歳で天寿を全うし、その遺志を孫三人(今井直樹、田江泰彦、永井)に伝えた。

出版評論家・故小林一博さんの助言を得て、山陰と東京の「本の学校」準備会を発足し、国内外の調査、特にドイツの出版界と書籍業学校(現メディアキャンパス)を訪ねた。そこでは、首都圏から配本するという、我が国の上り下りの縦社会とは異なり、出版も流通も書店も、協働のネットワークという伝統と意識のもとに、図書流通連盟と書籍業学校があって、それが課題解決のインフラとなっていた。

一九九五年に本の学校を設立。二〇一二年に「本の学校」大山緑陰シンポジウムを体験した若手たちを中心にNPO法人化し、さらに二〇一五年には認定NPO法人になった。

そのリーフレットに「『本』との出会いを創り育む―知の地域づくりの夢を求めて」と謳っている。大きな潮の変わり目に、行方定かでないまま船出した本の学校。NPO法人「本の学校」のホームページをご覧いただき、ご縁を深めていただければ望外の幸せである。

（今井書店グループ役員、NPO法人本の学校理事）

私の云いたいことを代弁しているような錯覚を起こす本

坂井暉

内野氏の著作『だから図書館めぐりはやめられない』、『図書館はラビリンス』は実に面白い。書名に「図書館」と書いてあるので、読むのにちっと躊躇するけれど、読めば図書館人ばかりを対象にしていないことがすぐわかる。書名で損をしているようだ。

著者は役所生活が長く、要するに行政畑の人だが、その中で図書館生活は一四年の経験を持つ。館長経験は六年だそうだが、現在は数校の大学の非常勤講師を務める。行政の経験を持つ司書は少ない。それだけに役人生活の幅が広い。物の考え方に柔軟性がある。司書特有の職人気質が無いのがよい。

内容は、著者の生い立ち、特に父親像を描くところから始まる。中学校に進学してサッカー部に入部したが、毎日もっぱらランニングばかりで疲れ果て、勉強に集中できずに寝てばかりいる著者の姿に堪忍袋の緒を切った父君がとった行動は、

「……私に断りもなく顧問の先生に出した退部願いだった。生来、頑固一徹な親父は、一度決めたら聞く耳を持たず、私の長い惨めな中学時代が、入学早々に幕を切っておとされたのである。」だった。

現代の父親像には見られない、私の年代では懐かしい父君の姿を彷彿とさせる文章である。すべてがこのような文章で綴られており、とりつき易い。

「読書は密かな孤独な楽しみである。……本は書いた人の人生に出会うのである。……じっくりと出会えばいいのである」という一文は、読書論の総てをあらわしているのではないだろうか？　秀逸である。ほかに人生論あり音楽の話、文学の話など盛りだくさん。しかし面白いのは、この様な話の終わりには、ちゃっかり図書館の話が顔を出している。読者は、知ら

ないうちに図書館の中に、引きずり込まれているのに気がつかない。読んでしまって、図書館って？　そうなんだ！　と、したり顔になる。実に面白い。

　また著者は、長野県塩尻市立図書館の開館準備を手掛けて開館し、その管理の責任者として運営に携わっている。その苦労話も随所に出てきて、著者の図書館に対する情熱の一端を伺うことが出来る。

　ただ私には、気になって仕方のない箇所がある。それは文中、〈部下が〉と云う文字がやたらと多い。私も図書館の開館準備を手掛けて、館長をした経験があるが、職員を部下と呼んだことは一度もない。職員は、自分と一緒に同じ目標に向かって仕事をしている同僚だと思っていたからである。ただ、自分には目標に向かっての道しるべを考え、職員に説明して、共に歩む義務が加わっているのだと、唯それだけの違いだと思っていたからである。しかし、この考えは、私一人の考えかもしれない。人に強いることではない。だからと云って、著者の考えと相入れないことかといえば、そうではない。本書総てが、私の云いたいことを代弁しているような錯覚を起こす、読んで面白い本である。

　著者の博識に感服して、自分の未熟さを感じさせる、不思議な本でもある。

（近畿大学通信教育部非常勤講師、元太宰府市民図書館初代館長、元九州龍谷短期大学教授）

図書館づくりの伝道師

堀内秀雄

内野安彦さんは、図書館情報分野の新しい伝道師である。

現代日本の図書館界に希なる種を撒く存在者あると同時に、全国各地を徘徊する図書館巡り人でもある。

出会いは処女著作だ。『だから図書館めぐりはやめられない～元塩尻市立図書館長のアンソロジー～』を知人から紹介されて読んだ。大阪風に言えば「おもろい図書館人が現れたな」。「おもろい」の中味は二つある。一つは内野さんの図書館長及び退職に至るまでの波瀾万丈的人生に共感したこと、もう一つは本全編を貫かれている、図書館をこよなく愛するヒューマニズムに触発されたことであろう。

「会って顔を見てみたい」、「文章だけでなく話を聴いてみたい」。人間好奇心の旺盛な小生は早速岸和田市立図書館の司書と那智勝浦町の図書館サポーターに情報提供を試みた。美しい二人の女性は、見事に氏の「図書館病」に感染したのである。昨年四月上旬に、那智勝浦町・岸和田市の図書館において内野さんの連続講演会を企画開催することが決定された。当日は、南紀白浜空港へ那智勝浦町の菜々子女史と「ようこそ横断幕」とマグロ仮面をかぶってお出迎えした。あろうことか。これが伝道師との初対面である。

この二日間の講演会・懇親会も含めて濃密に交遊した以外は、その他の著作、ラジオ聴取、手紙、SNS等で内野さんを知る程度である。失礼をご容赦いただいて、新著発刊に際して、驢の雑文とさせていただきたい。

内野さんは「変わり者」？

初著巻頭の推薦文で、元埼玉県ふじみ野市立図書館館長の秋本敏氏が経緯と賛辞をこめて「『変わり者』の著者が、新天地塩尻市に舞い降りた。」と表現したのは名書き出しである。昨今の、自治体、図書館・社会教育、あるいは教育界を俯瞰するに、公務労働の領域において閉鎖的な組織管理主義や職員意識の劣化が指摘されている。ミッションを果たしていない者こそ本来「変わり者」なのだ。正道を行くものが少数だと「変わり者」とラベリングされる。実は貴重な逸材という証明であろう。

だから、内野さんは図書館づくりのユニークな救世主なのである。

日本国憲法、図書館法、「図書館の自由に関する宣言」に照らしてみても、疲弊と劣化の時代に図書館再生の旗手として彼は登場してきた。図書館に関わる内外の本・人・地域に寄り添い、行政実務・図書館現場・研究世界・地域ラジオのＤＪなどの数奇な体験を蓄積してきた人材は稀有である。それが彼の個性と強みであり、他に追随を許さない財産でもあろう。

齢と仕事を積み重ねて、人間社会の喜怒哀楽の淵は豊かになる。

内野さんが拙稿を依頼してきた趣旨は不明だが、仕事の足跡と専門分野の共通性にあると思われる。彼の仕事トラバーユと人生行路の華麗なる？「舞い降り」のエピソードは同業相楽しむ感を禁じ得ない。鹿嶋市役所、周囲を驚かせた図書館異動、決断の塩尻市行、早期退職と研究者生活等へと続くステップアップは、小生が人の世で歩んできた道程と重なる部分がある。これも相互に人物興味をそそられた縁かも知れない。余録だが、双方ひとつ間違うと死に至る大病・難病に遭遇したことまで似通っている。死に向き合うと生が無性に愛おしくまた切なく思えてくる。齢と仕事を積み重ねると、人間社会の喜怒哀楽の淵は豊かになる、ということだ。

小生は中学校勤務、岸和田市役所、和歌山大学、退職後は立命館大学と縁があってトラバーユしてきた。市役所時代は社会教育主事を五年、その後は企画部門を中心に二四年間に及ぶ自治体行政を経験する。割愛制度で大学助教授に赴任。教授、センター長、評議員、副学長、理事・副学長と、ラストは大学経営の重責を担う羽目にもなった。専門は社会教育学・生涯学習論、派生して自治体政策論・地域再生・ＮＰＯ論・人材育成論等を研究対象としている。社会教育学の領域から、関西を中心に図書館問題にもコミットしている。

内野さんのキャリアには、余人をもって代えがたい価値がある。その著作は多様なジャンルの本を紹介しつつ、実は彼自身が自己紹介の旅をしている。紹介本を入り口として著者の弾む文体に心地よく浸っていると、「本の世界っておもしろいな」、「図書館に行ってみたいな」という感情移入が自然と湧いてくる。塩尻市立図書館長時代は、本・地域資料・情報等を編みこみ、多彩な提案型・参画型のイベントなども大胆に企画している。マチやヒトが愉快にコラボレーションし、図書館が共に育ち合うプラットホームと化すのだ。「ブック・ツリー」の時空間が、住みよい地域社会を紡ぎだす縁パワーメント・パークを彩っていく。

生きにくさ、生き辛さを抱えた時代にあっても、図書館は人生の素敵なワンダーランドになりうることを、内野さんの本は優しく示唆してくれている。

「図書館は人で決まる」ということ

内野さんが著作で最も伝えたいことは、「図書館は人で決まる」という命題だ。彼は有言実行の人である。最も感動したのは、図書館職員の過半数を占める「非正規職員が少しでも安定して働けるよう努めた」というくだり。非正規職員の待遇改善を図らずに図書館経営を語る館長たちに興醒めし、「優秀な職員を育てられない図書館で、素晴らしい図書館サービスはできない」と喝破するカッコよさ。首長や人事課との交渉能力や信頼力が備わっていてこその結果であろう。実際の葛藤はあれどもこの事実一点において彼は信用に値する。

「人で決まる」のは図書館だけではない。公共・民間を問わずあらゆる仕事と組織に通じる原理である。図書館愛と館長としての使命感が、十分ではないにしろ改革の扉を開いた意義は大きい。

残念なことに、内野さんのような図書館長はそう多くない。現実の公共図書館、特に地方の公共図書館は喘ぎながら朽ちていく所もある。図書館サービスの外部委託、指定管理者制度やPFIの推進は増加の一方を辿っている。そこに、行財政改革の名目で資料費削減、人件費抑制など図書館マネジメントは厳しい渦中にある。

館長を含む正規職員でさえ「図書館は左遷職場」との嘆きも聞こえる。専門職である司書の一部には現実とのギャップの中で生気を失いかけている。平成の市町村合併後は、学校、図書館（室）、社会教育施設、その他公共施設の統廃合に拍車がかかっている。交通弱者は図書館を利用しにくい、という問題も起きている。また、東日本大震災や自然災害などに対応する危機管理、マイナンバー制度の導入や資料購入・開架等に関して「図書館の自由」の問題がクローズアップされてきた。

時代の逆風の中で、内野さんの著作は勇気を与えてくれる滋養のあるビタミン剤だ。図書館を愛する市民、本を愛する読者、良識ある図書館職員、研究者たちにとって、図書館と人間の無限の可能性を指し示す書物として光を放っている。

図書館づくりの伝道師はロマンチスト

小生が一番気に入っている内野本は、『塩尻の新図書館を創った人たち～われら図書館応援団～』である。乞われての塩尻市立図書館長に着任したとはいえ、未知の土地への単身赴任、「外様」扱い等々、様々な気遣いもあっただろう。されど、この本を拝読して認識が一変した。その見返りに足る贅沢な人士たちとの交流と支え合いがヴィヴィッドに綴られている。まったく羨ましい限りだ。信州の育んだ風土、教育・文化の分厚さ、気骨ある人物の品性と懐の深さ、に圧倒される。さらに、気負いなき平易な文体に艶と張りがある。登場人物と図書館（内野氏）との関係性が動画を観るように伝わってくる。まさに、この本は名著である。

本と人間が好きな人に悪い奴はいない。外車をはじめ多趣味でこだわりの流儀は、未知の人とのコミュニケーションの品性となる。内野さんには、現場力と人間力を共存するオンリーワンの研究者、作家の道を踏みしめてもらいたい。

日本の図書館を取り巻く閉塞状況は、これからも強まるだろう。「図書館の自由に関する宣言」の掉尾には、「図書館の自由が侵されるとき、われわれは団結して、あくまで自由を守る」

と謳われている。それを豊かに突破する基礎は地方の公共図書館からだと思う。図書館づくりの質は、地域社会とこの国の自由な出版文化の質と比例するものである。

冒頭に記した「図書館情報分野の新しい伝道師」の役割と旅は、真の意味でこれから始まるのかもしれない。だが、大丈夫である。そのアリバイはこの本の中に詰まっている。同時に、図書館づくりの伝道師たるしなやかなロマンチストさも味わってみてください。

（和歌山大学名誉教授、立命館大学非常勤講師）

索引

図書館サポートフォーラムシリーズの刊行にあたって

図書館サポートフォーラムは、図書館に関わる仕事に従事し、今は「卒業」された人達が、現役の図書館人、あるいは、図書館そのものを応援する目的で、1996年に設立されました。このフォーラムを支える精神は、本年で16回を数えた「図書館サポートフォーラム賞」のコンセプトによく現れていると思います。それは、「社会に積極的に働きかける」「国際的視野に立つ」「ユニークさを持つ」の三点です。これらについては、このフォーラムの生みの親であった末吉哲郎初代代表幹事が、いつも口にしておられたことでもあります。現在も、その精神で、日々活動を続けています。

そうしたスピリットのもとに、今回「図書館サポートフォーラムシリーズ」を刊行することになりました。刊行元は、事務局として図書館サポートフォーラムを支え続けてきている日外アソシエーツです。このシリーズのキーワードは、「図書館と社会」です。図書館というものが持っている社会的価値、さらにそれを可能にするさまざまな仕組み、こういったことに目を注ぎながら刊行を続けてまいります。

図書館という地味な存在、しかしこれからの情報社会にあって不可欠の社会的基盤を、真に社会のためのものにするために、このシリーズがお役にたてればありがたいと思います。

2014年10月

シリーズ監修

山﨑　久道（図書館サポートフォーラム代表幹事）

末吉　哲郎（図書館サポートフォーラム幹事）

水谷　長志（図書館サポートフォーラム幹事）